Lena Gorelik

Lieber Mischa

... der Du fast Schlomo Adolf Grinblum geheißen hättest, es tut mir so leid, dass ich Dir das nicht ersparen konnte:

Du bist ein Jude ...

List Taschenbuch

Besuchen Sie uns im Internet:
www.list-taschenbuch.de

Für alle Glücks

Ungekürzte Ausgabe im List Taschenbuch
List ist ein Verlag der Ullstein Buchverlage GmbH, Berlin.
1. Auflage Mai 2012
3. Auflage 2016
© Ullstein Buchverlage GmbH, Berlin / Graf Verlag, München 2011
Umschlaggestaltung: bürosüd°, München, unter Verwendung einer
Vorlage von Anzinger | Wüschner | Rasp, München
Titelabbildung: © Marion Blomeyer
Satz: Uwe Steffen, München
Gesetzt aus der Berthold Caslon
Druck und Bindearbeiten: CPI books GmbH, Leck
Printed in Germany
ISBN 978-3-548-61105-1

Inhalt

Die Top Ten der antisemitischen Vorurteile:
Warum sie wahr sind   9

Lieber Mischa   13

Oj vej   17

Wie wir beim Feiern leiden   23

Unser Hund, der Rabbi   40

Wie ich keine jüdische Mutter
geworden bin   50

Natürlich darfst Du heiraten, wen Du willst,
aber …   59

Warum Du doch ein bisschen klüger bist
als die anderen   69

Die zehn coolsten Juden der Welt   79

»Du bist ein Jude!« Von Menschen, die Dich
nur aus einem Grund hassen   84

»Du bist echt Jude?« Von Menschen, die Dich
nur aus einem Grund lieben   96

Und: Es geht noch schlimmer!   109

Interview mit einer Konvertierenden   120

Warum wir uns selbst nicht mögen   125

Juden und Muslime: kurz und ehrlich   130

Nein, Du bist kein Rothschild   131

Wo Juden und G"tt sich treffen   139

Zehn Gebote für G"tt   146

Gelobtes Falafel-Land   149

Du lebst in Deutschland, ist Dir das eigentlich klar?   177

Der wieder mal nicht gelungene Versuch einer kurzen Zusammenfassung   183

Die Top Ten der antisemitischen Vorurteile: Warum sie wahr sind

1. Juden haben Hakennasen

Grundsätzlich gilt: Alles, worüber Juden Witze machen, trifft zu. Meine Nase sieht eindeutig sonderbar aus. Möglicherweise noch keine klassische Hakennase, wie man sie aus Nazikarikaturen kennt, aber doch zu lang. Kürzer zwar als die der meisten meiner Familienmitglieder, aber eben zu lang. Macht nichts, ich habe auch abstehende Elefantenohren, die diese Nase wunderbar ergänzen.

> Wir Juden haben ja den Drang, alles zu kommentieren, auch uns selbst, weshalb der Talmud wie ein voll gekritzeltes Schulbuch aussieht.

2. Juden haben Glatzen

Was soll ich sagen? Mein Vater hat eine Glatze. Er hatte schon immer eine Glatze, an seine Haarfarbe erinnere ich mich nicht. Mischas Vater hat eine Glatze. Über die Glatze ist er trauriger als ich. Früher zählte er seine verbliebenen Haare. Nun rasiert er sich immer den Kopf, damit man die Glatze nicht als solche erkennt. Ich find's nicht schlimm. Er ist doch Jude.

> Zumindest in dem Land, aus dem ich komme, war das ein weit verbreitetes Klischee.

3. Juden haben viel Geld

Rothschilds Existenz will ich natürlich nicht leugnen. Leider Gottes ist er nicht mit uns verwandt (obwohl alle Juden irgendwie miteinander verwandt zu sein scheinen oder es angeblich sogar sind).

4. Juden sind Wucherer

Der »Judenzins« ist bekannt. Ich selbst verleihe ja eher Bücher als Geld. Die kriege ich leider nur selten zurück (weshalb ich dann Geld für andere Bücher ausgeben muss; ein Teufelskreis). Ich sinniere schon länger darüber, einen Bücherjudenzins einzuführen: Wer ein Buch zu spät oder unzufrieden zurückgibt – unzufrieden, obwohl ich eines meiner geliebten Bücher voller Begeisterung weitergegeben habe –, muss den Bücherjudenzins zahlen. So käme ich zu Geld und könnte eine richtige Jüdin werden, die Bücher verleiht zu Wucherpreisen. Die Welt wäre dann ein Stück weit mehr so, wie man sie sich vorstellt. Und ich hätte Geld und Bücher.

5. Juden haben eine problematische Beziehung zu ihrer Mutter

Nein, natürlich nicht. Aber damit würde ich lügen. (Was Juden ja auch angeblich gern tun.) Also, jetzt mal jüdisch-ehrlich: Problematisch ist die Beziehung nicht. Aber sie, wie soll ich sagen, gestaltet den Alltag: »Wie hast du geschlafen? Hast du das gesunde Kopfkissen benutzt, das ich dir neulich geschickt habe?«, »Was hast du gefrühstückt? Wie, du frühstückst nicht? Das ist doch die wichtigste Mahlzeit des Tages!«, »Weißt du, wie kalt es in München werden soll? Nimm einen Schal.

Ja, ich bin in einem Land ohne Meinungsfreiheit aufgewachsen, und manchmal, wenn auch selten, macht sich das bemerkbar.

Jaja, ich leg ja schon auf!« Und das alles vor neun Uhr morgens. Aber problematisch? Nein, problematisch ist die Beziehung nicht.

Schon gar nicht Deine und meine, mein Sohn. Nicht wahr?

6. Juden sind schlauer als andere

Schach spielen konnte ich mit drei, lesen mit vier Jahren. An meiner Intelligenz liegt das nicht – etwas anderes hätte ich meinem Vater schlichtweg nicht antun können. So wie sportverrückte Väter in US-Filmen von ihren Söhnen erwarten, Baseball zu spielen, und nicht damit umgehen können, wenn diese lieber Ballett tanzen, so ist es für jüdische Eltern unvorstellbar, dass das Kind keine Leseratte ist, wie sie, ihre Eltern, Groß- und Urgroßeltern es gewesen sind.

7. Juden sind verschlagen, hinterlistig, gerissen

Gerissen schon. Hinterlistig nicht. Gerissen mussten die Juden sein, um zu überleben. Weil es oft um Leben und Tod ging – oder um den Alltag. »Ich hätte gerne das Fischbrötchen!«, bestellt ein Jude. »Das ist aber Schinken, nicht Fisch!«, antwortet der Verkäufer. »Habe ich Sie gefragt, wie der Fisch heißt?« Gerissen schon. Hinterlistig nicht.

8. Juden sind Lobbyisten, klüngeln

»Das ist einer von uns«, sagt mein Vater, wenn er jemanden etwas Kluges im Fernsehen sagen hört. Auch auf Hebräisch ist »jemand von uns« ein gängiger Begriff. So eine Art

> Deshalb haben wir ja auch ein Gremium, das »Jüdischer Weltkongress« heißt.

große Familie, ein Zusammengehörigkeitsgefühl über Landesgrenzen hinweg. Weil Jüdischsein irgendwie verbindet. Warum, wissen wir selbst nicht so genau. Heutzutage bezeichnen manche das als »Judenlobby«. So nennt das aber »keiner von uns«.

9. Jüdische Weltverschwörung

Ist doch kein Klischee, gibt's doch wirklich. Man muss nur die Augen aufmachen. Die jüdische Claims Conference erschlich sich zum Beispiel Entschädigungszahlungen in Höhe von 42 Millionen Dollar. Das ist zwar noch keine Weltverschwörung an sich, sondern eine Sauerei und im Grunde ein Phänomen, das nicht nur in der Politik weit verbreitet ist. Aber man könnte es, wenn man wollte, als Vorzeichen von Weltverschwörung betrachten. Andere Vorzeichen fallen mir nicht ein. Denn: Leider dürfen bei der Weltverschwörung nur auserwählte Juden mitmachen. Mich laden sie nicht dazu ein.

> Gelder, die irgendwie irgendwo auftauchen, wo sie nicht sein sollten.

10. Juden sind inzestgefährdeter als andere

Nun, wer so gute Filme macht wie Woody Allen, darf heiraten, wen er will. Und wenn's seine Katze ist.

Lieber Mischa

… es tut mir so leid, dass ich Dir das nicht ersparen konnte: Du bist ein Jude.

Mütter (*alle* Mütter, ich als jiddische Mamme, die ich niemals werden wollte, nehme mir da kein Vorrecht heraus) wollen ihren Kindern jegliches Unglück ersparen: gebrochene Beine, gebrochene Herzen, gebrochene Lebensläufe. Ich werde alles tun, um Dich davor zu bewahren, und ich weiß, es wird doch passieren: Du wirst von der Schaukel fliegen und Dir irgendwas brechen, ein Bein, einen Arm, die Hand. Du wirst Dich in Deinem Zimmer einschließen, schlechte Musik zu laut hören und heulen, weil ein Mädchen, das ich jetzt schon hasse, Deinen Kumpel lieber mag als Dich. Du wirst Dich mit einem Rucksack auf den Weg nach Asien machen, um Dich zu finden, von Asien nichts mitbekommen, weil Du zu viel Marihuana rauchen wirst, und zurück nach Deutschland kommen, um Mathematik zu studieren, was, wenn wir mal ehrlich sind, Du schon hättest machen sollen, als Mama Dir dazu riet. Ich werde Dir all das nicht ersparen können, leider. Dein Judentum ebenfalls nicht.

Das Judentum ist sozusagen eine geschlossene Veranstaltung, zu der wenige Zugang haben und die niemals endet. Niemals. Einmal drin, immer drin. Man tritt dem Judentum nicht bei, wie man einem Fußballverein beitritt. Es gibt keine Anmeldeunterlagen, keinen zu überweisenden Mitgliedsbeitrag, an der Aufnahmeprüfung darf man sich erst versuchen, wenn man nachgewiesen hat, dass man von dem Übertrittswunsch tatsächlich beseelt ist – ein Nachweis, der mit demütigenden Abweisungen und dem Lernen und Befolgen unserer 613 Gebote einhergehen kann, Gebote, denen wir, die wir das Geschenk der jüdischen Zugehörigkeit qua Geburt erworben haben, nicht folgen; häufig, weil wir sie gar nicht kennen. Aber selbst schuld, wer da freiwillig mitmachen möchte. So schwer der Beitritt auch sein mag, ein Austritt ist unmöglich. Du kannst nicht gehen, nicht fliehen, dem jüdischen Schicksal nicht entrinnen. Dich taufen lassen kannst Du, zu buddhistischen Mönchen nach Indien ziehen darfst Du, Dich Atheist schimpfen, so viel Du willst, ein Jude wirst Du bleiben. Für die Juden sowieso; vielleicht einer, der vom Weg abgekommen ist, aber trotzdem einer von uns. Für die Antisemiten bleibst du übrigens auch immer einer.

Es tut mir sehr leid. Dein G"tt wird ein zorniger sein. Deine Nase eher zu lang. Du wirst beim Reden mit Deinen Händen herumfuchteln und andere damit irritieren. Wenn Du mit anderen Juden sprichst, wirst Du meist streiten. Du wirst Zettelchen mit Deinen geheimsten Wünschen in eine Steinmauer stecken und Dich selbst nicht verstehen, denn eigentlich bist Du ein intelligenter, gebildeter Mensch, dem klar ist, dass niemand sie da herausnimmt, konzentriert liest, um dann all diese Wünsche zu erfüllen. Du wirst Juden in ihrer Mehrheit nicht leiden können, obwohl Du selbst einer bist. Wie ein Besessener wirst Du alles lesen, was mit einem Geschichtsabschnitt zu tun hat, den andere zu meiden suchen: dem Holocaust oder der Schoah, wie wir Juden und jene, die besonders politisch korrekt sein möchten, indem sie sich die Opfersprache aneignen, heutzutage sagen. Als Jude in Deutschland wirst du zudem ein Opfernachfahre im Land der Täternachfahren sein. Und damit nicht in Israel, dafür aber inmitten von Juden, die nicht wissen, was Judesein ist, weil auch sie aus der g"ttlosen Sowjetunion hierher eingewandert sind statt nach Israel. Wie Hiob (Dein Vorfahr übrigens) wirst Du innerlich schreien: Warum gerade ich? Warum muss ich zum auserwählten Volk gehören? Auserwählt wozu?

Es hat auch seine guten Seiten. Du wirst ein kluger Junge sein. Du wirst Humor haben. Die Mütter jüdischer Mädchen werden Dich lieben (was Dich wenig interessieren wird, weil Du die blonden gojischen Mädels lieben wirst). Jederzeit wirst du ins Land, wo Milch und Honig fließen und Krieg und Hitze herrschen, auswandern können, einen israelischen Pass bekommen.

Wir Juden dürfen den Namen G"ttes nicht komplett ausschreiben, er ist zu heilig.

Du wirst weder der erste noch der letzte Jude sein, der sich diese Frage stellt.

15

Du wirst außerdem den Kopf schütteln über diese Klischeeaufzählung und gleichzeitig wissen, dass sie zutrifft. Du wirst sie zumindest mit Humor nehmen können, das verspreche ich Dir.

Ersparen kann ich Dir all das leider nicht. Aber ich kann Dir ein paar kleine Hinweise mit auf den Weg geben. Das eine oder andere Phänomen erklären, es zumindest versuchen. Dich auf Erlebnisse vorbereiten, so gut es geht. Vielleicht hilft es etwas. Wahrscheinlich nicht.

Eines noch: Lieber kleiner Mischa, Du bist ein Jude. Etwas Besseres hättest Du nicht werden können.

Oj vej

Ich habe lange nach einer guten Umschreibung, einem treffenden Satz gesucht, aber besser formulieren kann ich es leider nicht: Oj vej. Wir sind Juden. Oj vej.

Mein Vater trägt einen schwarzen Kaftan. Statt eines Gürtels baumeln an seiner Hüfte weiße Fäden herunter. Er hat einen langen grauen Bart und auf dem Kopf immer ein schwarzes Käppchen. Natürlich beten wir viel, wir halten den Schabbat ein und essen niemals Schwein. Ich will einmal nach Israel auswandern, um ein Nahost-Nazi zu werden. Denn: Ich bin ja jüdisch.

> Der Duden sagt zwar Sabbat, aber der Duden ist kein Jude, und Juden sagen Schabbat.

Ein schönes Klischee, vielleicht eines für ein Buch oder einen Film; für einen, den ich nicht sehen würde, aber andere vielleicht. Ein schönes Klischee, aber eben nicht meins. Und auch nicht Deins.

Oj vej. Und nu?

Kannst du trotzdem Jude sein?

> Nein, ich möchte Dir nicht vorschreiben, welche Klischees Du im Kopf hast. Aber ich kenne uns Juden ein wenig.

Dein Großvater trägt tatsächlich einen Bart, einen Dreitagebart allerdings, weil er meint, damit ein wenig auszusehen wie Robert De Niro. Und ich, Deine Mutter? Na ja, ich bin einfach ich. Jüdisch, per Zufall, weil so geboren, so wie ich als Frau geboren wurde und mit dem Muttermal am linken Bein. Ich kann nichts dafür.

> Du hast dieses Muttermal nicht geerbt, obwohl Muttermale

> doch, wie ihr Name schon sagt, über die Mutter vererbt werden. Nichts, rein gar nichts hast Du von mir geerbt! Du siehst aus wie Dein Vater, der jetzt im Freundeskreis »großer Mischa« heißt.

Wann immer ich es ausspreche, meistens in einem Nebensatz, weil es einfach nicht wichtig ist, nicht wichtig genug, wann immer das Wort »jüdisch« fällt, spüre ich diese Blicke. Diese vorsichtigen Blicke. Was suchen die, den Davidstern an einer Kette?

Ich bin nicht anders und will auch keine Sonderbehandlung. Ich will nicht, dass jemand aufhört, über Michel Friedman zu lästern, wenn ich den Raum betrete. Ich will mich nicht für Israels Politik verantworten müssen. Meistens will ich nur in Ruhe gelassen werden.

> Eine jüdische noch dazu.

Ich will, nun, da ich Mutter bin, vor allem auch, dass Du in Ruhe gelassen wirst.

Ich bin mit Deinen Großeltern, Deinem Onkel und Deiner Urgroßmutter als Kontingentflüchtling nach Deutschland eingewandert, als ich elf Jahre alt war. Der Begriff Kontingentflüchtling ist eine Ausgeburt der deutschen Beamtensprache, einer vorsichtigen, weil offiziell nicht vorhandenen Einwanderungspolitik und ein Resultat der deutschen Geschichte: Weil die Bundesrepublik im Rahmen der Wiedervereinigung beschlossen hatte, großzügigerweise Juden relativ unbürokratisch aufzunehmen, die aus der ehemaligen Sowjetunion fliehen wollten, aber nicht wusste, in welches Gesetz sie diese *politically correct* pressen wollte, ohne zum Beispiel Israel oder die Sowjetunion zu verärgern, wurde dieses Wortungetüm hervorgezaubert.

> Nein, undankbar bin ich nicht. Ich liebe Deutschland – nicht nur während der WM, wenn die Welt zu Gast bei Freunden ist. Und ich habe auch kein Problem damit, diesen Satz auszusprechen: Ich liebe Deutschland!

Ich bin also eine der inzwischen etwa 200 000 eingewanderten Kontingentflüchtlinge. Ich bin in Russland aufgewachsen, wo Judentum keine Religion war, sondern eine Volkszugehörigkeit, die im Pass festgehalten wurde, an der Stelle, wo bei allen »normalen« Menschen »russisch« stand. Dort war Jude ein Schimpfwort. Das machte mir nichts, ich benutzte es auch gern. Bis ich etwa sieben Jahre alt war und meine Eltern mich hörten.

Dann kam ich nach Deutschland. Jüdisch sein in Deutschland schien erst einmal schwierig, weil es exotisch ist. Exotisch zu sein kann anstrengend sein. Jüdisch und russisch gleichzeitig zu sein – das Opfer aus dem Zweiten und der Feind aus dem Kalten Krieg in einem – ist, wie doppelt bestraft zu sein. (Oder doppelt gesegnet.)

Erst in Deutschland lernte ich, dass Judentum eine Religion ist: im Religionsunterricht der Jüdischen Gemeinde, den ich einmal wöchentlich nachmittags besuchte. Ich lernte die Traditionen, an die sich meine Großmutter nur noch dunkel erinnerte, und die Gebete. Ich ging nun regelmäßig in die Jüdische Gemeinde, in der die sogenannten »deutschen« Juden verwundert die sogenannten »Russen« anstarrten, uns also, die wir so gut wie gar nichts über das Judentum wussten und kein Hebräisch verstanden. So manch einer rümpfte die Nase. Oj vej. Die Russen gaben ein Naserümpfen über die Arroganz

Dein Vater findet es wichtig, dass ich an dieser Stelle darauf hinweise, dass wir von der millionengroßen jüdischen Lobby, die mancher hierzulande vermutet, (leider) noch weit entfernt sind.

Kommentar zum Kommentar: Und heißt das jetzt, dass ich dafür zuständig bin, viele Kippajungen zu produzieren, damit es mit der Weltherrschaft doch noch klappt?

der alteingesessenen Gemeindemitglieder zurück. Doppelt oj vej. Wir Kinder lernten schnell Deutsch und trugen bald die richtigen Klamotten, für die wir uns mit Nachhilfe und Babysitten fleißig Geld verdienten, Levi's-Jeans, Diesel-Kapuzenpullis und Nike-Schuhe, wir lernten, was ein Gameboy ist und ein Stickeralbum, da waren die interkulturellen Unterschiede schnell ausgelöscht. Bald ging ich in die Jüdische Gemeinde, weil dort meine Freunde waren, die Religion kam wie im Doppelpack selbstverständlich hinzu. Dass meine Eltern von ihren Schwierigkeiten sprachen, sich zu integrieren, davon, dass sie sich unwillkommen fühlten, nervte mich und kam mir überzogen vor; erst mit dem Abstand vieler Jahre kam der Stolz, dass sie es dennoch geschafft haben.

In der Pubertät kam mir das Judentum gerade recht. Die Pubertät ist schwierig, die Akne, die *Bravo*, die Sinnlosigkeit der Welt um einen herum ... Ich wollte provozieren um des Provozierens willen, nicht, weil ich etwas zu sagen hatte, eigentlich wie alle anderen auch. Mein Anderssein, mein Judentum waren meine Rebellion. Ich warf meinen deutschen Mitschülern vor, ihre Vorfahren hätten meine Großeltern umgebracht, es klang so herrlich provokant. An den jüdischen Feiertagen ging ich in die Synagoge und nicht zur Schule, ich zwang meine Familie, milchig und fleischig zu trennen, weniger, weil ich G"tt entdeckt hatte, sondern weil ich

---

Früher habe ich nicht über solche Dinge nachgedacht. Früher, das war vor Dir. Jetzt frage ich mich aber, was Du über mich denken wirst, wenn Du groß bist? Wirst Du genervt von mir sein? (Bestimmt.) Wirst Du auch ein bisschen stolz auf mich sein? (Bestimmt. Sage ich jetzt mal so.)

Wirst Du auch mal rebellieren? Indem Du zum Beispiel Buddhist wirst?

mich unterscheiden wollte. Auffallen in der oberflächlichen, sinnlosen Menschenmasse. Meine Religiosität hielt ungefähr bis zu dem Zeitpunkt an, als meine Sinnsuche von einem ausgeprägten Interesse an Jungs abgelöst wurde.

Eine Zeit lang lebte ich in einer Frauen-WG. Immer dienstags tranken wir Wein und guckten *Sex and the City*. Wir redeten über Männer und lasen Frauenzeitschriften in der Küche. Wir mochten einander und lachten viel. Eine von uns kam aus New York, sie hieß Camille und war etwas dick. Ich machte Witze über Fast Food und Bush, und Camille zog mich damit auf, dass meine Mutter ständig anrief, ich sei ja ein richtig typisches jüdisches Mamakind. Da entschuldigten sich die deutschen Mitbewohnerinnen für Camille bei mir ob dieses Antisemitismus. Ab diesem Zeitpunkt lachte ich ein bisschen seltener mit ihnen.

Als das Jüdische Zentrum in München geplant wurde, fragte man mich nach meiner Meinung dazu. Nachdem es fertig war, fragte man mich erneut nach meiner Meinung dazu. Jetzt, wo es längst zum Stadtbild gehört, werde ich immer noch nach meiner Meinung dazu gefragt. Das Jüdische Zentrum ist eine schöne Sache, für die Stadt, nicht so sehr für mich persönlich. Ich werde nach meiner Meinung dazu befragt, so wie ich auch immer wieder auf den Nahostkonflikt angesprochen werde und die armen unterdrückten Paläs-

> Oh, wie wünsche ich Dir, diese Phase zu überspringen! (Und wie wünsche ich mir das!) Diese schwierige Phase, in der man nach einem Sinn des Lebens sucht, den – das kann ich Dir jetzt schon verraten – es nicht gibt.
>
> Kommentar zum Kommentar: Und gibt es dann noch was Nervigeres als Eltern, die schon im Voraus alles wissen?

Nun könnte man sagen: Aber schiebst du dich nicht selbst in diese Schublade, indem du darüber schreibst? Ergreifst du nicht damit den Beruf der Berufsjüdin?

Kommentar zum Kommentar: Und ich würde wohl antworten, es mache mich doch noch lange nicht zu einer Berufsjüdin, wenn ich mich zu diesem Thema äußere.

Kommentar zum Kommentar zum Kommentar: Und so eine Diskussion könnte man am Feldrand lange führen, so wie sie klügere Menschen als ich über ein klügeres Buch als dieses, nämlich die Thora, geführt haben, aber das lassen wir jetzt mal sein, denn so klug sind eben nur die Thora und die Thoragelehrten.

Und vielleicht ist dieser Satz das Jüdische an mir.

tinenser. »Aber du bist doch jüdisch!«, sagt man zu mir. (»Du bist doch Jüdin« oder »Du bist doch Jude!« bringt nämlich hierzulande kaum jemand über die Lippen.)

Jüdin bin ich schon, aber weder der Zentralrat der Juden noch der Mossad persönlich. Jüdisch sein heißt für mich, eine jüdische Mutter zu haben, die mir Essen per Post schickt (und die mich für diesen Satz enterben wird). Jüdisch sein heißt, dass ich jüdische Literatur liebe, Klezmermusik eher weniger, dafür aber jüdischen Humor. Jüdisch zu sein heißt für mich, dass ich gerne möchte, dass auch Du dieses Gefühl kennst und ich Dir deshalb ein paar Dinge erklären will, ein paar Dinge, die ich mit einem »Oj vej« werde einleiten müssen, ein paar Dinge, die schön-nervtötend-melancholisch-komisch-gemein-absurd-rassistisch-wunderbar-verrückt-erzürnend-wahnsinnig-klug-unwichtig-lebensbejahend-todtraurig-einfach-schwierig-jüdisch sein werden.

Jüdisch zu sein heißt, dass ich bei meinem nächsten Besuch in Israel sowohl meinem Vater als auch Dir einen schwarzen Kaftan mitbringen werde, vielleicht gibt es die ja schon in Babygröße.

Wie wir beim Feiern leiden

Wir Juden sind ja, ohne nähere Betrachtung, ein sonderbares Völkchen. Haben uns nach Jahrhunderten der Heimatlosigkeit die Wüste als lang ersehntes Zuhause ausgesucht, Hitze, Wasserknappheit, keinerlei Infrastruktur, kaum bebaubares Land, dafür schön von Feinden umzingelt. Die Sprache: von den Toten auferstanden nach zweitausend Jahren. Und so von außen betrachtet, aus modischer Sicht: schwarze Lumpen zu schwarzen Hüten, bei dreißig Grad im Schatten. Hobbys: Ernährungswissenschaft (was darf man wann essen und womit und was auf keinen Fall). Lieblingsort: eine uralte Mauer, an der man stundenlang herumstehen und auf und ab wippen kann. Und wir sollen besondere Intelligenzgene in uns tragen!

Und die Feste, die wir feiern? Nun ja. Die haben immer einen traurigen Anlass. Wir erinnern uns daran, wie wir vierzig Jahre lang durch die Wüste geschubst worden sind, immerhin kamen wir mit so sinnvollen Ratschlägen heraus wie, dass man nicht töten solle. Aha. Das Nichtbefolgen der Ratschläge wird übrigens aufs Härteste bestraft. Wir erinnern uns daran, wie ein persischer

> Tun wir. All diese Eigenschaften sind nur für Menschen mit besonders hoher Intelligenz zu verstehen.

> Ursprung unserer Liebe zu dieser Art von Landschaft.

König, ein mittelgroßer Antisemit, beschlossen hat, dass das Leben an sich ohne uns schöner wäre. Wir erinnern uns daran, wie unser ursprünglicher Lieblingsort, der Tempel, zerstört wurde und nur noch unser zweiter Lieblingsort, die Mauer, übrig blieb. Lauter schöne Anlässe zum Feiern. Dazu gibt es meist richtig schlechtes Essen, zu jedem Fest eine Art perfektes Mottodinner, das zu Zeiten, als unser Festerezeptbuch geschrieben wurde, bestimmt zur Haute Cuisine gehörte, aber heute, nun ja ... Oder sollen wir durch das Essen noch mehr leiden? Und was tun wir vor, während und nach diesem schlechten Essen? Wir bedanken uns dafür, in aller Ausführlichkeit, für jede einzelne Zutat, alles schön in der richtigen Reihenfolge, die ebenfalls im Festerezeptbuch vorgegeben ist. G"tt hat an alles gedacht. Unser G"tt ist ein kleiner Kontrollfreak.

Unser G"tt ist kein Netter, kein Grundgütiger. Manchmal mag er uns so wenig, dass er uns umzubringen versucht beziehungsweise andere schickt, um den Job zu erledigen. Wir sind ihm trotzdem treu (die meisten von uns). Man kann sich seine Familie nicht aussuchen und auch nicht seinen G"tt. Wir mögen unsere Familien trotz allem und eben auch unseren G"tt. Er ist halt einer von uns.

Lieber Mischa, ich bin keine echte Jüdin, zumindest nicht, wenn man nur betende als solche bezeichnet. Ich kann Dir keine jüdi-

---

Alle Feste entspringen dem Gedanken: »Sie haben versucht, uns umzubringen, wir haben überlebt, lasst uns essen!«

Siehe Hobby Ernährungswissenschaft.

Entschuldigung, G"tt.

Ohrwurm in meinem Ohr, Xavier Naidoo auf Jüdisch: »Dieser G"tt wird kein netter sein, dieser G"tt ist grimmig und hart ...«

Ausnahme: Jews for Jesus.

sche religiöse Erziehung mitgeben, so gerne ich es wollte. Aber ich kann Dir das über unsere Feste erzählen, was ich weiß.

Neujahr. Neujahr heißt bei uns Rosch haSchana. Neujahr feiern wir im Herbst. In biblischer Zeit feierten wir es im Frühjahr, im Winter feierten wir es nie. Herbst ist auch ein schöner Zeitpunkt, finden wir. Für viele Nichtjuden ist diese Tatsache befremdlich, für manche Juden auch. Für mich zum Beispiel.

Im russisch-kommunistischen Paradies, in dem ich das Glück hatte aufzuwachsen, gab es kein Rosch haSchana, denn es gab ja auch keine Bibel und auch keinen G"tt. Letzterer wurde von der allwissenden Partei zu einer Witzfigur degradiert und tauchte auch im Alltagsleben der Genossen höchst selten auf. Dafür gab es Juden in der Sowjetunion, meist hinter verschlossenen Türen. Meine Großtante neigte dazu, bei Familienfesten nach dem einen oder anderen Wodkagläschen jüdische Lieder anzustimmen, *Tum-Balalaika* und *Hava Nagila* zum Beispiel. Meine Mutter nickte mir dann zu, das hieß: Schließ die Wohnzimmertür. Wände hatten in der Sowjetunion auffallend viele Ohren, nicht nur in Form von KGB-Wanzen, sondern auch von Nachbarn, die an zu dünnen Wänden litten. Und auch wenn die meisten Russen die jüdischen Nachbarn am Nachnamen oder an der Nase von Weitem erkannten, so wollte man doch nicht aus dem kommunisti-

---

So gerne wüsste ich: Warum will ich es? Gehen da meine jüdischen Gene mit mir durch?

Übersetzt: Kopf des Jahres, kurz: Kopfjahr. Wir feiern Kopfjahr.

schen Rahmen fallen und jedermann vorsätzlich an den Fehler in der eigenen Biografie erinnern.

Als ich sieben Jahre alt war, teilten mir meine Eltern mit, dass ich jüdisch sei. Sie taten es förmlich, nachdem ich eine verhasste Klassenkameradin beim Spielen im Hof als »Jüdin« beschimpft hatte. »Schidowka«, rief ich, so laut ich konnte, und rannte vorsichtshalber ins Haus, bevor sie mich – zusammen mit ihrem älteren Bruder – verfolgen und verhauen konnte. Am Fenster stand meine Mutter, die mich in einem Ton ins Wohnzimmer beorderte, der nichts Gutes verheißen konnte. Sie kontrollierte, ob alle Türen und Fenster geschlossen waren, und sprach leise. In unserer Familie spricht sonst nie jemand leise. Sie teilte mir mit, unsere Familie sei jüdisch, und belehrte mich, Jude sei kein Schimpfwort. Sie sprach es deutlich und sachlich aus, es war ein unumstößlicher Fakt. Sie fügte hinzu, ich dürfe mit keinem darüber sprechen. Das hätte sie sich sparen können, denn lebensmüde war ich nicht, ich wollte in Ruhe auf dem Spielplatz spielen. Ein paar Jahre lang schwieg ich peinlich berührt über mein Judentum hinweg.

Dann kam Rosch haSchana. Das war kurz vor der Auswanderung nach Deutschland, als Verwandte und Bekannte die Koffer für Israel packten und meine Eltern zusammen mit dem Rest der Familie ihr Judentum wiederentdeckten, hinter verschlossenen Türen,

Ein Mutterton, den ich gedenke noch einzustudieren, mein Mischa.

versteht sich. An einem Herbsttag brachte mich die Mutter meiner besten Freundin vom Schwimmtraining nach Hause. In unserer Wohnung roch es nach Feiertagsessen, obwohl es ein Dienstag war.

»Oh, ihr erwartet Gäste? Hat jemand Geburtstag?«, fragte die Mutter meiner Freundin. Unsere Eltern kannten sich, seit wir zusammen im Sandkasten gesessen hatten, und waren zwangsbefreundet.

»Ja, Verwandte«, antwortete mein Vater ausweichend. Die russische Gastfreundlichkeit gebot eigentlich, meine Freundin und ihre Mutter zum Essen einzuladen, sie mit mehreren Gängen vollzustopfen, bis sie sich nicht mehr bewegen konnten, um ihnen dann Tee und Kuchen vorzusetzen. Mein eigentlich herzlicher Vater schob die beiden zur Tür hinaus, sichtlich genauso unangenehm berührt wie sie. Und ich.

»Warum hast du sie nicht eingeladen? Sie ist meine beste Freundin! Und was feiern wir überhaupt? Warum weiß ich davon nichts?«, entrüstete ich mich, sobald die Tür ins Schloss gefallen war, denn mit meinen zehn Jahren war ich meiner Ansicht nach eindeutig das Oberhaupt in dieser Familie. Mein Vater führte mich in die Küche und machte die Tür hinter uns zu. Wieder einmal.

»Wir konnten sie nicht einladen. Wir feiern heute jüdisches Neujahr«, erklärte mein Vater. So viel zum Grundstein meines Wissens über die jüdische Religion.

»Neujahr? Im September?!« Ich lachte mich tot und teilte das auch allen mit.

»Ich lache mich tot! Neujahr ist, wie jeder weiß, am 1. Januar«, belehrte ich meine Eltern mit der Souveränität einer wohl geschulten zehnjährigen Kommunistin. Neujahr war *das* Fest im Jahr, das Familienfest mit Silvesterbaum und Geschenken und Verkleiden.

»Nicht in der jüdischen Religion«, erklärte meine Mutter und haute meine Hand weg, als ich versuchte, etwas vom festlich gedeckten Tisch zu stibitzen.

Wir feiern Neujahr im Herbst, und wir sind auch schon im Jahr 5771 angekommen. Nun könnte man wieder sagen, ein sonderbares Völkchen, diese Juden. Man könnte aber auch sagen: Die anderen hinken uns aber ganz schön hinterher! Die stecken noch in 2011 fest. So viel Entwicklung noch vor sich! Wir Juden haben einen anderen Kalender. Der jüdische Kalender richtet sich nach den Mondphasen, hat 354 Tage, 12 Monate, 50 ½ Wochen und im Schaltjahr nicht einen Tag, sondern einen Monat mehr.

Wir zählen bei unseren Neujahrsfeiern nicht von zehn an rückwärts, um uns dann in die Arme zu fallen, Sekt zu trinken, uns an Feuerwerkskörpern zu verbrennen, ausgelassen zu feiern, draußen alles zuzumüllen mit abgebrannten Wunderkerzen, leeren Flaschen, Feuerwerksresten und noch anderen unappetitlichen Dingen. Wir zählen höchstens die Sterne, bis drei davon am Himmel er-

---

Und das liegt nicht daran, dass wir zu früh mit unseren Festvorbereitungen beginnen, so, wie manche bereits im August Christstollen, Lebkuchen und Spekulatius im Supermarkt kaufen.

Hat Demeter von den Juden geklaut! Während wir unseren Kalender von den Babyloniern geklaut haben, die uns einst gekidnappt und bei sich angesiedelt haben.

scheinen und somit der nächste Tag anbricht und das Fest zu Ende geht. Dabei ist dann noch gar nicht alles vorbei. Denn nun beginnen sie erst: die zehn ehrfurchtsvollen Tage, in denen es um Leben oder Tod geht, und das ist keineswegs übertrieben, sondern Kern der Sache. Man hat sich das folgendermaßen vorzustellen: G"tt sitzt auf seinem Thron, vor ihm riesige Bücherstapel, in denen all unsere Taten stehen, und murmelt in seinen Bart: »Hat Eis gegessen (unkoscher, weil Gelatine enthaltend), hat aber netterweise ihre Mutter angerufen, ist an Schabbat Auto gefahren und hat dabei Musik gehört, hat sich auch sonst an keine Gebote gehalten, aber dafür: kein Mord, kein Ehebruch, kein Diebstahl, so weit gut, allerdings, was hat sie denn da gerade über mich geschrieben, ist das etwa Ironie?« Und dann, je nachdem, wie die Bilanz ausfällt, ob man brav war oder nicht, wird man ins Buch des Lebens oder in das Buch des Todes eingetragen. Die Würfel sind gefallen: Stirbst du dieses Jahr, oder darfst du noch ein wenig leben? Es gibt außerdem ein Buch für Leute wie mich (ich hoffe wenigstens, ich stehe drin), für die Mittelmäßigen. Die sind manchmal gut und manchmal schlecht, der Durchschnitt halt.

Rein theoretisch hat man nun bis Jom Kippur, dem Versöhnungstag oder dem Tag des Gerichts, zehn Tage Zeit, um sich reumütig zu zeigen und doch noch in das gute Buch übertragen zu werden. Allerdings gibt G"tt

Siehe: Lieblingshobby der Juden.

Das Einschalten von Geräten ist verboten, denn es ist Arbeit! Schabbat ist zum Entspannen da, und wenn Menschen, wie auch ich, Musik entspannend finden, wird es schwierig: Denn einen CD-Player einzuschalten ist Arbeit. Weder die Thora noch der Talmud äußern sich leider zu diesem Problem.

Im Religionsunterricht habe ich über dieses Buch nie etwas gehört. Warum wohl nicht?

Gutes und Schlechtes gehen bei uns fließend ineinander über.

uns nicht Bescheid, wie wir bewertet wurden: Lohnen sich die zehn Tage Reue? Das mit der Reue ist so eine Sache. Jom Kippur ist nach Schabbat der größte Feiertag im Judentum und wird dementsprechend besonders leidend begangen. Wir sind hungrig, weil wir fasten, wir stinken, weil wir nicht duschen dürfen, aber wir tragen Weiß, weil es ein Festtag ist, den wir damit verbringen, um Verzeihung zu bitten. G"tt natürlich in erster Linie, wegen der Sache mit den Büchern. »Mögest du ins Buch der Lebenden eingetragen werden!«, wünschen wir einander den ganzen Tag. Aber auch unsere Mitmenschen bitten wir um Verzeihung. Prophylaktisch und rückwirkend. Manche verschicken Massenmails an alle Freunde und Bekannte: »Da Jom Kippur naht, möchte ich mich bei Dir/ Ihnen für alles entschuldigen, was ich im vergangenen Jahr falsch gemacht haben könnte. Schöne Feiertage und eine gute Zeit, herzliche Grüße.« Praktisch, das Ganze. Hat man alle Entschuldigungen an einem Tag weg.

An Jom Kippur isst man nichts, an Rosch haSchana isst man Fisch- oder Schafskopf. »Möge es dein Wille sein, dass wir zum Kopf und nicht zum Schwanz werden.« Feiertagsessen eben. Als Nachtisch gibt es in Honig getunkte Apfelstückchen, noch so eine Delikatesse. Möge dadurch das Jahr süß werden – und vielleicht leckerer als der heutige Tag.

Dann natürlich Chanukka, das die Christen etwas aufmotzten und durch Weihnachten ersetzten. Auch so ein Feiertag, an dem wir uns daran erinnern, wie die Syrer unseren Lieblingsort eroberten und G"tt dann doch noch Erbarmen hatte und wir den Ort zurückeroberten, und dann – o Wunder – das geweihte Öl für den Leuchter im Tempel, der niemals erlöschen durfte – acht Tage reichte, obwohl eigentlich nur für einen Tag genug da war. Weshalb sich jüdische Kinder zwar nicht über Geschenke oder bunt geschmückte Bäume freuen dürfen, aber immerhin acht Abende lang über eine brennende Kerze. Und G"tt sprach: Es werde Licht. In manchen Ausrichtungen des Judentums bekommen Kinder Chanukka-Geld geschenkt, um es zu spenden. Dazu dann in Öl gebratene Speisen wie Kartoffelpuffer und Krapfen, und schon hat man ein paar übergewichtige, unglückliche jüdische Kinder geschaffen, die sich taufen lassen wollen. Das ist unser lustigstes Fest.

Und dann gibt es noch Pessach. Ein sehr wichtiges Fest, auch acht Tage lang. Es geht dabei – wieder einmal – um den Auszug aus Ägypten, die Befreiung aus der Sklaverei, G"tt hatte Erbarmen, danke, G"tt. Das dazugehörige Essen übertrifft selbst das nicht vorhandene Essen an Jom Kippur: Matze. Acht Tage lang darf man nur Ungesäuertes essen. Also kein Brot, keine Nudeln, keinen Reis, keinen Kuchen, keine Kekse. Man ernährt sich hauptsächlich von Matze, nur aus Mehl und Wasser ohne Hefe zubereiteten

Wurde von Christen durch das Anzünden der Adventslichter ersetzt.

Bei uns Juden gibt es echte und unechte, sephardische und aschkenasische, ultraorthodoxe, orthodoxe, modern-orthodoxe, gar nicht orthodoxe (auch Liberale genannt), Atheisten und Jews for Jesus, Zionisten und Israelis und so weiter.

knusprigen dünnen Fladenbroten. Schmeckt so lecker, wie es klingt. Acht Tage lang. Man macht Beilagen aus Matzemehl, Kuchen aus Matzemehl, Sandwiches mit Matze, in Israel verkaufen die Pizzaläden zu Pessach Pizza auf Matzeblättern: Tomatensoße und überbackener Käse auf den jüdischen Oblaten, ein richtiger Genuss. Aber: Wir erinnern uns dabei, natürlich. Erinnern uns bei diesem Feiertag daran, dass bei unserem etwas hastigen Auszug aus Ägypten keine Zeit mehr blieb, um Brot gären zu lassen. Wenn Moses und seine Freunde kein richtiges Brot essen konnten, warum sollten wir? Warum sollte es den Nachfahren besser gehen? Es gibt keinen Grund.

Echt im Sinne von: gläubig, Schläfenlocken, Klagemauer, schwarze Kleidung.

Echt im Sinne von: von einer jüdischen Mutter abstammend.

Wächst man als echter Jude mit all diesen Regeln und Köstlichkeiten auf, stellt man sie nicht infrage. Ist man zwar ein echter, aber nachgelernter Jude wie ich, können sie einem die eine oder andere Schwierigkeit bereiten.

Unser Familienrat hatte getagt und entschieden: Wir würden Pessach feiern, jüdisch feiern, ein echtes Seder bei uns zu Hause. Wir würden uns nicht mit Plastiktellern zwischen die anderen russischen Einwanderer an die Tische in der jüdischen Gemeinde quetschen, würden uns nicht über die neue Frisur von Herrn Grinblums neuer Frau auslassen, während der Kantor irgendwas in hebräischem Kauderwelsch vor sich hin jammerte. Würden einen eigenständigen Familienseder feiern, so wie es der Urgroßvater im weißrussischen Schtetl einmal getan haben musste; so zumindest ging die Familiensaga.

Wir waren 1992 nach Deutschland eingewandert und gehörten somit zu den ersten Kontingentflüchtlingen, die in Heerscharen die deutschen Gemeinden eroberten mit ihrer Sprache, ihrem gefillten Fisch und den sonderbaren Schachklubs. Wir lebten bereits seit ein paar Jahren in Deutschland und hatten die ersten Schwierigkeiten gemeistert: Deutschkurs abgeschlossen, Arbeit gefunden, sogar eine große mahagonifarbene Schrankwand für das Wohnzimmer gekauft. Ich, das Kind, machte bereits Fehler, wenn ich Russisch sprach.

> Eine sehr jüdische Eigenschaft laut der sowjetischen Propaganda, das Schachspielen, siehe Kasparow.

Ich, das Kind, ging auch brav jede Woche in den jüdischen Religionsunterricht, wo ich Freunde hatte, echte deutsche Juden! Bei einer solchen Freundin hatte ich im Jahr zuvor Pessach, Familienseder, feiern dürfen und wurde aufgrund dieser Vorkenntnisse zum Pessach-Leiter der Familie erwählt. Die Kinder, um deretwillen so viele Kontingentflüchtlinge den Schritt der Auswanderung wagten, brachten ihren Familien das Judentum zurück, das diese irgendwo auf dem Weg durch den Kommunismus verloren haben.

Mein Vater holte Matze in der Synagoge. Wir besorgten eine russisch-hebräische Haggada, die Gebrauchsanweisung für Pessach sozusagen, die die Geschichte des Auszugs aus Ägypten festhält und Handlungsanweisungen für den feierlichen Abend, den Seder, enthält. Wie zum Beispiel: Stellt auch einen Stuhl und ein Glas Wein für den unsichtbaren Propheten Elijahu hin. Lasst die Tür für ihn offen, lasst die Nachbarn sich wundern. Elijahu hat, ähnlich wie der Weihnachtsmann an Heiligabend, an Pessach viel zu tun: so viele jüdische Häuser besuchen, so viele Gläser Wein trinken. Meine Mutter schrieb die Zutaten des Sedertellers auf ihre Einkaufsliste, lauter Leckereien werden da serviert: gekochtes Ei, Bitterkraut Nr. 1, angebratene Lammkeule mit wenig Fleisch, Sellerie, Bitterkraut Nr. 2 ... Sie lud außerdem einen älteren alleinstehenden Herrn aus Weißrussland zu unserem Fest ein, denn: Es gehört sich für ein religiöses jüdisches Haus, diejenigen zu sich zu bitten, die nicht das Glück haben, einen Familienseder zu haben. Die Vorbereitungen waren in vollem Gange.

> Nein, ein Alkoholiker ist unser Elijahu nicht. Er hat ja nur ein Mal im Jahr zu tun.

»Wir müssen alles Chamez vernichten!«, erklärte ich im Vorfeld in einem Ton, der keine Widerrede duldet, selten hatte ich als Kind das Kommando, ich genoss es in vollen Zügen.

»Ja, ›Chamez‹, ich erinnere mich an dieses Wort von meiner Großmutter!«, rief mein Vater freudig aus.

»Was ist denn genau Chamez?«, wollte meine Mutter wissen.

Ich zählte auf, was ich im Religionsunterricht über gesäuerte Lebensmittel gelernt hatte.

»Wir können doch nicht alles Mehl, alles Brot wegschmeißen«, widersprach mein

Vater, der zwar eine orthodoxe Großmutter, aber auch den Zweiten Weltkrieg überlebt hatte und deshalb im Keller Vorräte für ein Jahr im Voraus hortet.

»Aber es gehört sich so! Wenn wir ein richtiges, koscheres Pessach feiern wollen, müssen wir das!«, erklärte ich ihm überzeugend wie ein orthodoxer Rabbiner.

Auf den Keller einigten wir uns als Kompromiss. Ein Großteil der jüdischen Religion besteht aus Diskussionen, Verhandlungen und Auslegungen des Gesetzes. Der Gesetzesauslegung meines Vaters zufolge gehörte unser Vorratskeller nicht direkt zu unserer Wohnung und war somit als »Mülleimer« sehr geeignet. Verbrennung und Mülleimer respektive Keller seien in unserer Zeit eigentlich das Gleiche, philosophierte mein Vater, dann könnte man das Zeug in acht Tagen wieder in die Küche heraufbringen, und das sei das Gleiche wie ein Neueinkauf.

Mein Vater, ein geborener liberaler Jude, der die veralteten Gesetze der heutigen Zeit anpasst.

Ein paar Stunden vor dem Pessach bereitete ich zusammen mit meiner Mutter den Sederteller vor. Wir hatten keinen richtigen dafür vorgesehen, weshalb wir die Zutaten auf einer großen Servierplatte gemäß dem Bild auf der Haggada verteilten. Die Sache mit den zwei Arten Bitterkraut kapierten wir nicht. »Das ist unser Essen?«, fragte mein Vater schockiert, als er die Küche betrat. »Das soll das Festessen sein?« Ein Festessen, das weiß doch jedes russische Kleinkind, besteht aus vielen Vorspeisensalaten,

Kaviarhäppchen, einem fleischigen Hauptgang und natürlich einer Buttercremetorte. Auf unserem festlichen Sederteller waren *ein* Hähnchenknochen, ein paar Kräuter, ein Ei verteilt. Es sollte nach der Sederzeremonie noch richtiges Essen geben. Ohne Kaviar heute, da unkoscher. Gerne wollten wir echte Juden sein.

> Echte, im Sinn von gläubig und fast Schläfenlocken tragend.

Feierlich gekleidet setzten wir uns an den festlich gedeckten Tisch, meine Mutter hatte die aus der Sowjetunion mitgebrachte weiße Seidentischdecke hervorgeholt. Unser älterer Gast trug eine sowjetische schwarze Fliege.

Mein Vater las die Geschichte des Auszugs aus Ägypten vor. Auf Russisch, versteht sich. Die Geschichte des jüdischen Volkes ist eine traurige, ereignisreiche, kluge – und lange. Die Geschichte des Auszugs aus Ägypten ebenso. Ab und zu blätterte mein Vater möglichst unauffällig ans Ende, um zu schauen, wie viele Seiten noch blieben. Er hatte Hunger, denn meine Mutter hatte uns, um die Vorfreude auf den Sederabend zu steigern, kein Mittagessen vorgesetzt. Brot hatten wir nur im Keller.

»Das ist wichtig! Gerade das ist sehr wichtig! Das ist unsere Geschichte, das sind unsere Vorfahren!«, rief ich jedes Mal aus, wenn mein Vater einen Absatz zu überspringen versuchte. Manches wollte ich kommentieren, nicht umsonst war ich jede Woche in den Religionsunterricht gegangen.

Wenn ich nicht mit meinen Kommentaren unterbrach, unterbrach der ältere Herr aus Weißrussland, der in seinem weißrussischen Leben einen Chor geleitet hatte. Er wollte gerne ein Pessachlied singen. Das Lied hieß *Shabbat Shalom*.

Manchmal unterbrach meine Mutter, die sich wunderte, warum es keine genaue Anweisung gab, das Bitterkraut zu essen.

Mein Vater fragte: »Wann gibt es denn richtiges Essen?«

Ich hatte mittlerweile auch Hunger. Wir kürzten die Geschichte des Auszugs der Juden aus Ägypten ein bisschen ab. All die vierzig Jahre kann man eh nicht nacherzählen. Einen Programmpunkt gab es aus meiner Sicht noch, der nicht verhandelbar war. Den Afikomon, ein Stück Matze, zu verstecken. Das wollte ich mir nicht nehmen lassen, schließlich war ich die Jüngste, die es dann suchen und finden sollte.

Wozu, hatte ich nicht verstanden. Aber es klang, als sei es der – endlich – lustige Teil des Festes.

»Afikomon?«, fragte meine Großmutter und betonte das Wort jiddisch auf dem »i«. »Daran kann ich mich noch erinnern! Man muss den Afikomon verstecken! Ejngesundenkopp, das hatte ich ja völlig vergessen!«

Der Vater meiner Großmutter hatte einmal eine Jeschiwa geleitet, später war er von den Deutschen umgebracht worden. »Ejngesundenkopp!«, rief meine Großmutter in Deutschland oft auf Jiddisch aus, wann immer ich etwas anstellte.

Was übersetzt so viel heißt wie »Einen gesunden Kopf wünsche ich dir« oder wahlweise »mir« und sich eigentlich nicht übersetzen lässt.

Mein Vater sagte, er stehe nun wirklich nicht noch auf, um ein Stück Matze zu verstecken. Er habe genug von Matze. Er hätte jetzt wirklich gerne was zu essen.

Ich sagte frech, das gehöre sich aber nicht. Man müsse den Afikomon verstecken. Echte Juden machten das so. Echte Juden läsen die ganze Haggada vor und beteten zwischendrin ein bisschen. Echte Juden, sagte ich ...

»Ich bin ein echter Jude!«, unterbrach mich mein Vater, denn Väter haben nun mal das letzte Wort. Beleidigt knabberte ich den Rest des Abends an meiner Matze.

Jahre später verbrachte ich Pessach in einer orthodoxen Familie in Israel. Der Kleinste stellte singend vier Fragen, der Sederteller war wunderschön, der Vater hatte wie in Kinderbüchern einen langen, fast grauen Bart. Man sang Pessachlieder und saß angelehnt an den Tisch, wie uns in der Haggada geheißen wird. Pessach, ein jüdisches Fest. Selten hatte ich meine Familie so vermisst.

Zum Abschluss noch unser Lieblingsfest: Schabbat. Es ist so schön, dass wir es jede Woche feiern. Immer und immer wieder. Es geht so: Man darf nichts machen, weil alles Arbeit ist, man verbringt den Tag mit der Familie, man isst traditionellerweise Tscholent, einen bräunlichen Mischmasch aus Fleisch, Bohnen, Gerste, Kartoffeln und anderen undefinierbaren Zutaten, weil es seit Freitagnachmittag bis zum Mit-

---

Zu den Ritualen an Seder gehört, dass das jüngste Kind vier Fragen über den Sederablauf stellt; für diese gibt es eine bestimmte Melodie. Dazu gehört die wichtige Frage: Was unterscheidet diese Nacht von allen anderen? Natürlich hatte ich auch jene Frage und die dazugehörige Melodie im Religionsunterricht gelernt. Aber mein Vater hätte mein Hebräisch nicht verstanden.

Und jeder, der je auf einem Familienfest war, kann sich vorstellen, wie schön es ist, dieses Ereignis wöchentlich zu wiederholen.

tagessen am Samstag im Ofen vor sich hin gart, denn den Tscholent aktuell und frisch zu bereiten wäre ja Arbeit, und die ist verboten. Um ihr zu entgehen, besorgen sich die einen oder die anderen manchmal so einen netten kleinen Nichtjuden, Schabbatgoi genannt, der verrichtet dann all die schwere Arbeit: Licht anzünden oder Kühlschrank aufmachen zum Beispiel. Was einfach und nach einem Ausweg aus dem Schabbatgefängnis klingt, ist kompliziert: Denn man darf einen Nichtjuden an Schabbat auch nicht um etwas bitten, er muss selbst auf die Idee kommen, zu helfen oder von der Handlung zu profitieren. Nach dem Motto: Ich habe Hunger, also mache ich deinen Kühlschrank auf, um etwas da rauszuholen, und was für ein Zufall, du, mein jüdischer Freund, willst auch was? Und was sonst noch? Man betet in der Synagoge. Man singt. Man hat Sex (Samstagssex). Man segnet natürlich das Essen. Man zählt die Sterne bis drei, dann sind sechs Tage Ruhe vor dem nächsten Ruhetag.

Erwähnte ich schon, dass ich jüdische Feiertage liebe?

Ich tue es wirklich.

> Das ist verboten, denn damit würde man ja auch Licht einschalten, nämlich das Kühlschranklicht.

> Berühmte Schabbatgojim: Colin Powell, Martin Scorsese und Elvis Presley haben sich als Jugendliche so ein bisschen Taschengeld dazuverdient.

> Am siebten Tag vollendete G"tt das Werk, das er geschaffen hatte, und an diesem Tag ruhte er. – Gab es bei ihm auch Tscholent?

Unser Hund, der Rabbi

Lieber Mischa, wir sind Rabbibesitzer. Nicht viele können von sich sagen, dass sie einen eigenen Rabbi besitzen. Besitzen ist ja auch kein schönes Wort, schon gar nicht im Zusammenhang mit einem Rabbi, nur bei uns, da trifft es nun mal wirklich zu. Wir besitzen einen Rabbi. Und das kam so:

Wir haben einen Hund. Er ist schwarz, mittelgroß, verstrubbelt und selbstverständlich allerliebst, also der beste Hund der Welt. Er ist außerdem mit Sicherheit der einzige Hund der Welt, der ein Rabbi ist.

Der Hund kam vor Dir und ungeplant. So wie es ungeplante Kinder gibt, gibt es ungeplante Hunde. Ich wollte schon immer einen Hund. Ich finde, Hunde sind treue, wunderbare, süße Wesen, zum Dahinschmelzen. Ich wollte so sehr einen eigenen Hund, dass ich an jedem fremden Hund stehen blieb und ihm Hallo sagte, was Dein Vater als peinlich empfand, die Hundebesitzer als sonderbar und die Hunde ignorierten. Dein Vater fand, dass Hunde stinken, viel Arbeit machen und einen einschränken, und hatte recht damit. Ich redete viel über Hunde. So viel redete ich über Hunde, dass mir die Freundin einer Freundin einer Freundin und so weiter eine

Mail weiterleitete, in der jemand einen Welpen namens Karla loszuwerden versuchte, der ihm zugelaufen war. Ich leitete diese Mail an Deinen Vater in die Arbeit weiter, in der Erwartung, dass diese ignoriert werden würde, stattdessen kam eine Antwort zurück: »Ruf unsere Vermieter an und frag, ob wir einen Hund haben dürfen!« Ich rief unsere Vermieter an und fragte, ob wir einen Hund haben dürften, in der Größe eines Meerschweinchens, dabei sah Karla nicht gerade klein aus. Ich rief Karlas Zwischenbesitzer an, ich rief eine ebenso hundeverrückte Freundin an, Deine spätere Patentante, um sie zu fragen, ob sie Drittbesitzerin von Karla werden wolle, dann Deinen Vater, um ihm mitzuteilen, dass wir am Samstag Karla holen würden, und dann vor lauter Aufregung noch den gesamten Freundeskreis, der es mit »Jetzt sehen wir dich nie wieder, jetzt kümmerst du dich nur noch um den Hund!« kommentierte.

Sprich: ihn immer wieder nehmen, wenn wir mal hundelos unterwegs sein wollten.

Ich konnte bis Samstag nicht schlafen und nicht essen.

Samstag früh rief der Zwischenbesitzer des Welpen an, um mitzuteilen, dass Karla spontan anderswohin abgegeben worden war. Spontan!

Woraufhin Dein Vater sagte: »Na, dann gehen wir jetzt einen Kaffee trinken.«

Und ich spontan antwortete: »Mir wurde heute ein Hund versprochen, also bekomme ich heute einen Hund!«

Ich suchte im Internet und fand Tim. Tim wohnte auf dem Hof eines Mannes, der aus Tiertötungsstationen in Ost- und Südeuropa gerettete Hunde zeitweise aufnahm, aufpäppelte und weitergab. Tim wohnte auf dem Hof dieses Mannes, etwa hundert Kilometer von München entfernt.

Ich erklärte, Karla habe nicht zu uns gepasst, Tim sei bestimmt der richtige Hund, verfrachtete Deinen Vater und Deine Patentante ins Auto, und wir fuhren los.

Am Gartenzaun bellte ein schwarzer Hund. »Guckt mal, einer mit Bart! Ich liebe Hunde mit Bart!«, rief ich aus.

»Du liebst alle Hunde!«, murmelte Dein Vater.

Es stimmte, ich mochte alle Hunde, die dort lebten. Wir alle mochten die neu geborenen Welpen besonders, dein sozial engagierter Vater befand aber, dass die Welpen auf jeden Fall ein Zuhause bekämen, so süß, wie die seien, wir müssten einen nehmen, den keiner wollte.

Dein Vater fand Monti süß, das war ein Wunder, denn Monti war der erste Hund der Welt, den ich hässlich fand. Er hatte eine Farbe wie ein ehemals gelb gestrichenes Haus, das in die Jahre gekommen ist, er hatte zwei braun-dreckige Ohren und war zudem ein Dackelmischling, einen halben Hund groß, zwei Hunde lang und stur – ein Dackel halt.

Dein Vater, der sich inzwischen seit einer

> Wahrscheinlich, weil er sich noch so gut daran erinnern kann, wie es war, im Sportunterricht als Letzter in eine Mannschaft gewählt zu werden.
>
> Kommentar zum Kommentar: Ich konnte sein Argument nachvollziehen, weil ich auch jedes Jahr den unförmigen Weihnachtsbaum kaufe, den keiner will.

halben Stunde als Ballwerfer betätigte, sagte: »Aber Monti hat immer den Ball!«

Deine Patentante sprach serbokroatisch mit einem serbischen Mischling, der uns andere ignorierte; wir fanden, ein Hund mache schon genug Arbeit, ohne dass wir noch eine Fremdsprache lernen müssten, um uns mit ihm zu verständigen.

Tim hatte so viel Angst, dass wir ihn nur hinter einem Gebüsch hervorlugen sahen. Ich fand alle Hunde toll.

Am Ende nahmen wir den Hund mit dem Bart mit. Er rannte dem Ball hinterher, er war nicht zu aufdringlich und nicht zu schüchtern, und er hatte in den Augen die jüdische Melancholie. Er hieß Blacky, ein Name, den wir unmöglich fanden, ihm aber nicht wegnehmen konnten, denn Traumata hatte er genug erlitten.

Später, nachdem nicht nur der Hund schon eine Weile bei uns lebte, sondern auch Du, fragten Bekannte, ob Deine Ankunft eine große Umstellung für uns gewesen sei. Ich erinnerte mich vage an meine Angst, dass mein Leben als Mensch mit dem Beginn des Lebens als Mutter vorbei sein könnte. Ich antwortete: »Nein.« Die richtig große Umstellung war der Hund gewesen, der traumatisierte, anhängliche, völlig verängstigte Hund, der etwa ein Jahr vor Dir kam; ab da war alles einfach. Nachdem Blacky gekommen war, spontan, begannen wir zu lernen. Dass Türen zum Zerkratzen da sind, wenn der Hund mal

Ankunft! Nur Menschen, die nicht gerade eine Geburt hinter sich haben, können eine Geburt als Ankunft bezeichnen!

> Und Rollstuhlfahrer erst! Diese seine Behindertenfeindlichkeit war uns besonders peinlich.

fünf Minuten allein sein musste, während ich den Müll runterbrachte. Dass alle Fahrräder dieser Welt nur unterwegs sind, um Hunde, insbesondere den unseren, zu töten. Dass Hauseingänge sich zum Verstecken vor Fahrrädern gut eignen. Dass jedes neue Verkehrsmittel erst einmal böse ist. Dass Schokomuffins auf dem Couchtisch dazu führen können, dass ein Hund unter Zuckerschock die halbe Nacht lang über die Couch springt und sich dabei übergibt. Dass das Miethaus, in dem wir leben, eigentlich uns respektive dem Hund gehört, denn jeder, der es betritt, wird erst einmal lauthals angebellt.

> Dies lernten wir vom Hundetrainer, den wir anriefen, nachdem Blacky die Vorhangstange heruntergerissen hatte, als wir versuchten, ihn in Fünf-Minuten-Abständen daran zu gewöhnen, dass wir manchmal ohne ihn das Haus verlassen müssen.

Dass es sinnvoller ist, Hunde nicht mit Kommandos zu erschrecken, sondern in hohem, freundlichem Babyton mit ihnen zu sprechen. Weshalb wir also, anstatt entschlossen »Blacky, komm!« zu rufen, ein hohes »Blacky, schau mal!« von uns geben und uns im Park dabei ziemlich bescheuert vorkommen, auch wenn es funktioniert. Lange haben wir darüber gesprochen, dass Dein erstes Wort vermutlich weder »Mama« noch »Papa« sein wird, sondern »Blacky, schau mal!«.

> Du sagtest dann doch lieber »Papa« als Erstes. Das war in einem Alter, in dem Du, wenn man fragte: »Wo ist die Lampe?«, nach oben blicktest, wenn man fragte, wo Blacky sei, den Boden absuchtest, und bei »Wo ist Lenin?« die Lenin-Postkarte an der Küchenwand

Ja, wir haben feststellen müssen, dass so ein mittelgroßer schwarzer Mischling durchaus eine Couch auseinandernehmen, Klamotten zerreißen, eine Holztür komplett zerkratzen und eine nagelneue Sonnenbrille kaputt machen kann. Wir haben gelernt, dass der teuerste Urlaub des Lebens nicht Drei-Wochen-in-der-Karibik oder etwas ähnlich Aufregendes ist, sondern der, den man, weil man spontan einen Hund hat, wandernd in Österreich verbringt. Das macht dem Hund großen Spaß und Herrchen und Frauchen auch ein wenig, und am letzten Abend beschließen dann also beide, einmal ohne den Hund schön essen zu gehen. Um danach in ein Hotelzimmer zurückzukehren, das aussieht, als hätten die Rolling Stones da drin eine Party gefeiert.

Nun ja, man lernt immer wieder dazu.

Alles, was danach kam, war kein Problem. Ein Baby? Ist doch leicht zu händeln! Der selbstbewusste, nette, verkuschelte Hund, den Du kennst? Die Arbeit eines Jahres! Zudem habt Ihr ja, zumindest anfangs, so ziemlich dieselben Ansprüche gehabt: Am liebsten zu Hause auf dem Teppich herumliegen und regelmäßig essen. Beide mögt Ihr Städteurlaub eher nicht. Beide esst Ihr ungewürzte Sachen. Beide schaut Ihr nicht fern. Beide spielt Ihr besonders gerne mit den Dingen, die nicht zum Spielen gedacht sind. Beide fühlt Ihr Euch am wohlsten, wenn wir alle zu Hause sind. Zu viel Besuch auf einmal macht Euch verrückt. Habt Ihr viel an einem Tag erlebt, seid Ihr beide abends total überdreht und wollt immer weiterspielen, anstatt schlafen zu gehen. Im Gegensatz zu Blacky fühltest Du Dich aber auch bei Oma wohl, wenn wir mal ins Kino gingen.

anschautest. Bei der Frage »Wo ist Mama?« gucktest du verwirrt in die Luft, so nach dem Motto: »Was soll das denn sein?«

Die deutsche Sprache weist meinem Gefühl nach ihre unangenehmsten Begriffe im Zusammenhang mit Hunden auf: Frauchen, Herrchen, Gassi, Leckerli.

Dein Vater betrat das Zimmer als Erster, er drehte sich zu mir um und sagte: »Katastrophe.«

»Und wie verstehen sich der Hund und das Kind?«, fragt man uns, nachdem wir erklärt haben, dass der Hund eine größere Umstellung war als das Kind. Ja, wie versteht Ihr Euch? Als Du kamst, war der Hund erst einmal verwirrt. »Was macht das da hier? Bleibt es noch länger?«, schien er sich zu fragen. Sein Interesse war eher gering. Er lag zwei Wochen lang viel in der Ecke und sinnierte über zwei Fragen nach:

»Warum darf das da auf die Couch und auf das große Bett und ich nicht?«

»Wenn es beides darf, darf ich das vielleicht neuerdings auch?«

Die Antwort lautete Nein, und wir begannen uns gerade Sorgen zu machen, dass der Hund doch eifersüchtig sein könnte, als er plötzlich damit anfing, Dir nicht mehr von der Seite zu weichen. Schliefst Du, lag er neben Deinem Bett. War die Zimmertür zu Deinem Zimmer zu, lag er vor der Tür. Wurdest Du wach oder bewegtest Dich nur im Schlaf, kam er zu uns gestürmt und sprang an uns hoch: »Mischa ist wach, Mischa ist wach, Ihr Rabeneltern, was macht Ihr denn noch hier? Ich kann doch nicht alles alleine machen!« Noch etwas später ernannte er sich selbst zu Deinem persönlichen Verteidigungsminister, und zwei Monate waren wir damit beschäftigt, ihm abzugewöhnen, jeden, der sich Deinem Bettchen nähern wollte, anzuknurren.

Unser Hund ist nicht nur Dein Bodyguard, sondern auch unser eigener Rabbiner. Unser

Hund hat nicht nur einen langen schwarzen Bart, sondern auch graue Pejes. Unsere Musikerfreunde sagen, er sieht damit wie ein alter Rocker aus, aber ich finde, er ist mehr ein Rabbi.

> Schläfenlocken. Die komischen Zöpfe, die orthodoxe alte Männer weise, mittelalte Männer leicht schräg, junge Männer wie Mamasöhnchen und kleine Jungen extrem süß aussehen lassen.

Aber so oberflächlich, dass ich nur nach dem Aussehen gehe, bin ich nicht. Unser Hund lebt auf eigenen Wunsch streng koscher. Bekommt er ein Hähnchen-Cordonbleu, trägt er dieses stolz ins Wohnzimmer mitten auf den Teppich und wacht eine Minute darüber. In dieser Minute betet er. Dann isst er das Hähnchen und lässt den Schinken und den Käse liegen (dementsprechend sieht unser Teppich aus). Den Käse leckt er ein paar Stunden später ab, aber den Schinken lässt er immer liegen. Einmal gab ihm eine Freundin den Rest ihres Schweineschnitzels, den spuckte er sofort wieder aus. Eine Stunde lang sah er sehr schuldbewusst drein (das kann er gut). Vergangenen Samstag weigerte sich der Hund strikt, einen Bus zu betreten, aber in die S-Bahn stieg er am Sonntag ein, ohne zu mucken. Egal, wo er sich in der Wohnung hinsetzt, ist seine Blickrichtung immer gen Jerusalem. Sind das nicht Zeichen genug?

> Wie es sich für gläubige Juden gehört: Pause zwischen Fleisch und Milch.

Als wir den Hund bekamen, hieß er Blacky. Jetzt wird er ehrenvoll Rabbi Blacky genannt.

Er ist ein sehr gütiger, freundlicher, netter, umsorgender Hund, der alle Kreaturen – ob Menschen, Kinder oder andere Hunde – gut und gleichermaßen behandelt, wie es sich für einen Rabbi auch gehört. Wie ein Vater seine Kinder, wie ein Rabbi seine Gemeinde, wie ein israelischer Türsteher die jüdischen Gemeinden in Deutschland bewacht er uns und unser Haus.

Nur, und das macht mir zunehmend Sorgen, hält Rabbi Blacky vom christlich-jüdischen Dialog gar nicht viel. Jedes Mal, wenn die Kirchenglocken läuten (und in Bayern, wo wir leben, läuten sie wirklich oft), bellt Rabbi Blacky, als würde unser Haus von einer ganzen Armee Palästinenser eingenommen werden. Kein nettes, verspieltes Bellen ist da zu hören, es klingt böse, Angst machend und Christen verscheuchend. Könnte man dies bei gutem Willen noch als Abwehr eines Eingriffs in seine Privatsphäre interpretieren, schließlich mögen Hunde keine lauten Geräusche, so ist folgender Umstand nur mit Kirchenfeindlichkeit zu erklären. Nicht weit von unserem Haus fließt die schöne Isar. An der schönen Isar kann Blacky rennen, schnuppern, mit anderen Hunden spielen, Stöcke anschleppen, ins Wasser gehen und sich danach unbedingt so abschütteln, dass ich nass und dreckig werde. Jeden Tag gehen wir dorthin. Halbe Stunde, ganze Stunde, anderthalb Stunden. Unabhängig von der Zeit, die wir dort verbringen, weigert sich der Hund, das im Gebüsch an der Isar zu erledigen, weshalb wir draußen sind. Seine Toilette befindet sich seiner Meinung nach direkt an der Kirche auf

So unser Hundetrainer für 75 Euro die Stunde.

dem Rückweg. Will ich die Kirche umgehen, was ich will, zieht er mich dorthin. Wenn es nach ihm ginge, würde unser Rabbi Blacky zweimal täglich sein Geschäft an einer katholischen Kirche erledigen. Den Geist eines radikalen israelischen Siedlers überträgt Blacky anscheinend auf Katholiken, ich verurteile beide, kann jedoch nichts für die Siedler, sehr wohl jedoch etwas für das Verhalten meines Hundes. Was würde passieren, wenn ein erzürnter Pfarrer hinausstürmen und mich der G"ttlosigkeit und Schlimmeres bezichtigen würde? Was sage ich dann? Ich habe das den Hund nicht gelehrt, ich schäme mich für meinen Hund, er ist ein Rabbi, verzeihen Sie ihm vielleicht?

Ich habe den Hundetrainer um Rat gefragt, mit fanatischen Rabbinern kannte er sich aber leider nicht aus.

Und was sage ich, wenn Du mal irgendetwas anstellst, was mir peinlich sein könnte: Ich habe das meinen Sohn nicht gelehrt, ich schäme mich für meinen Sohn, er ist ein Jude, verzeihen Sie ihm vielleicht?

Wie ich keine jüdische Mutter geworden bin

> Dein Vater fand es psychologisch hoch bedenklich, dass ich über Dich und mich sprechen möchte und mit »Meine Mutter« beginne.
>
> Kommentar zum Kommentar: Und da kann ich nur sagen: Jeder Psychologe würde sagen, dass man sich mit der eigenen Mutter auseinandersetzen muss, um sein eigenes Muttergefühl zu finden.
>
> Kommentar zum Kommentar zum Kommentar: Sein eigenes Muttergefühl? Was rede ich da?

Meine Mutter ... stopp, nicht meine Mutter.

Nein, ich werde nicht über meine Mutter schreiben. Jeder würde denken, ich würde an dieser Stelle über meine Mutter reden, ein typisch jüdisches Kind mit einer typisch jüdischen Mutter, den obligatorischen Problemen dazu und nicht endend wollenden Storys über Anrufe, Streitigkeiten, Drohungen, emotionalen Ausbrüchen und vielen, vielen Tränen.

Aber ich will ja keinen Ärger.

Ich werde auch deshalb nichts über meine Mutter sagen, weil sie keine typisch jüdische Mutter ist. Wie jeder weiß. Ist doch klar.

Lass uns stattdessen lieber mal Detektiv spielen, belauschen wir zum Beispiel ein Telefonat. Teilnehmer:

1. Kind, jüdisch. Alter: beliebig. Geburtsland: beliebig. Ort: beliebig. Charakter: beliebig.

2. Mutter, jüdisch. Alter: beliebig. Geburtsland: beliebig. Ort: beliebig. Charakter: jüdische Mutter.

Dieses Telefonat findet jetzt, in dieser Stunde, in dieser Minute, in dieser Form an unvorstellbar vielen Orten der Welt statt, in unvorstellbar vielen Sprachen. Am häufigsten in Israel und in den USA. Es reicht, wenn wir nur eine Seite belauschen.

»Hallo Mama!«

»Weil meistens du mich anrufst.«

»Natürlich stimmt das.«

»Aber klar, vor zwei Stunden hast du auch schon angerufen.«

»Dann waren es eben drei Stunden.«

»Ich habe nicht gesagt, ich würde mich melden. Du hast gesagt, ich solle mich melden. Das ist ein feiner, wichtiger Unterschied.«

»Tut mir leid, dass du lange vor dem Telefon gesessen hast.«

»Aber ich verstehe nicht, warum du dir Sorgen gemacht hast. Ich musste ja keine gefährliche Aktion durchführen. Ich bin nicht beim Bungee-Jumping gewesen. Ich war nicht als Spionin in China unterwegs.«

»Mama, ich war radfahren, was soll mir da passieren.«

»Es tut mir leid, dass der Sohn von Frau Rosenblum einen Fahrradunfall hatte. Aber ich bin nicht der Sohn von Frau Rosenblum.«

»Ja, ich kenne ihn. Ich kenne ihn seit der Zeit im jüdischen Kindergarten. Das war der Junge mit den großen, abstehenden Ohren, der immer in der Nase bohrte.«

»Und was soll ich mit dieser Information anfangen?«

»Nein, das ist mir ziemlich egal, dass er nicht mehr in der Nase bohrt.«

»Ich glaube nicht, dass ich ihn treffen möchte.«

»Ich bin mir sicher.«

»Wirklich!«

»Wieso bin ich denn jetzt überheblich? Ich habe doch nur gesagt, dass ich kein Interesse daran habe, Jossele Rosenblum zu treffen.«

»Ich weiß, dass Frau Rosenblum mit dir im Frauenverein der Gemeinde ist. Mein Interesse an ihrem Sohn steigt deshalb nicht.«

»Nein, ich bin nicht krank.«

»Wieso ojojoj?«

»Mama, jetzt hör aber auf. Ich bin nicht lesbisch und nicht krank, wie du es nennst, sondern habe einfach kein Interesse, Frau Rosenblums Sohn zu treffen.«

»Hör bitte mit diesem Thema auf, dann wechsle ich auch meinen Ton.«

»Mama, ich muss mich jetzt duschen und dann los.«

»Nein, ich werde natürlich nicht mit nassen Haaren hinausgehen.«

»Da war ich sechs!«

»Doch, ich habe mich geändert.«

»Ich werde mich nicht erkälten, weil ich ja gar nicht mit nassen Haaren rausgehen werde, das habe ich doch gesagt!«

»Ich weiß, wie das Wetter ist, ich komme ja gerade von draußen!«

»Natürlich habe ich den roten Pullover mit den Blumen noch, den du mir geschenkt hast. Ich denke nur nicht, dass heute das richtige Wetter für diesen Pullover ist, denn es ist ja warm draußen.«

»Aber ich werde nicht mit nassen Haaren rausgehen!«

»Ich werde unterwegs was essen.«

»Unterwegs gibt es eine Menge zu essen!«

»Klar kann ich auch was Gesundes bestellen. Einen Salat zum Beispiel.«

»Mama, Fleisch ...«

»Und wenn ich kein Fleisch mag?«

»Ich mag nicht grundsätzlich kein Fleisch, sondern nur heute nicht!«

»Ja, ich weiß.«

»Nein, ich möchte nicht, dass du vor Sorgen stirbst.«

»Das tust du nicht.«

»Mama, ich muss jetzt wirklich los.«

»Warum soll ich dich anrufen, wenn ich zurück bin?«

»Du musst dir aber keine Sorgen machen!«

»Aber ich komme erst spät, da schläfst du schon.«

»Mama, du musst doch nicht aufbleiben!«

»Und wieso schläfst du so schlecht?«

»Dann hör auf, dir Sorgen zu machen!«

»Nein, ich weiß nicht, wie es ist, damit zu leben, wenn die Tochter nicht verheiratet ist und der Sohn keinen gescheiten Beruf ausübt. Im Übrigen ist Regisseur ein gescheiter Beruf.«

»Ja, ich habe den Film gesehen. Ich mochte ihn.«

»Das war doch witzig gemeint!«

»Aber es ist doch egal, was Frau Rosenblum sagt.«

»Ich habe letzte Woche mit ihm telefoniert, und ich rufe ihn die Tage wieder an.«

»Mama, er ist mein kleiner Bruder, der die dreißig schon überschritten hat!«

»Okay, ich lege jetzt auf.«

»Ja, ich rufe dich an, wenn ich zurück bin.«

»Egal, wie spät es ist!«

»Und ich werde nicht mit nassen Haaren rausgehen, weil ich gar keine Zeit mehr habe, sie zu waschen.«

»Nein, das war kein Vorwurf!«

Und so weiter. Und so fort. In alle Ewigkeit.

Und noch mal zum Mitschreiben: Ich spreche nicht von meiner Mutter. Die ist natürlich ganz anders.

Am festesten. Ich habe mir das ganz fest vorgenommen, dass ich nicht so werde. Die gesamte Schwangerschaft über habe ich eine Liste geführt mit Fragen, die ich Dir niemals stellen werde. Ich werde Dich nicht nach deinen Essensgewohnheiten fragen, nach Deinen derzeitigen Aufenthaltsorten, Deiner Begleitung dorthin, Deinen Plänen, Deinen Freunden, nach Deiner Kleidung, nach Deinen Beziehungen zu anderen Familienmitgliedern. Ich werde Dich so wenig fragen, dass Du mir alles freiwillig erzählen wirst. Von klein auf, also ab Deiner Geburt.

All die Fürsorge, die Du damit möglicherweise entbehrst, bekommst du von Deiner Großmutter. Meine Mutter ist keine jüdische

Sage ich jetzt mal so. Mutter, aber eine jüdische Großmutter. Du bekommst von ihr die Fürsorge und ich den Ärger.

»Was ist das denn für eine Jacke, da hat er ja einen kalten Rücken!«

»Wann hast du staubgesaugt? Das Kind sitzt ja praktisch im Dreck!«

»Die Nudeln sind ja völlig kalt! Und warum bekommt das Kind überhaupt Nudeln? Ich mache ihm eine Hühnersuppe! Hühnersuppe, das jüdische Penicillin.«

Manchmal, wenn ich mit dem Hund im Park um die Ecke spazieren gehe, sehe ich eine jüdische Großmutter, die hauptsächlich damit beschäftigt ist, dem armen Kind im Kinderwagen die Mütze zurechtzurücken, damit die Ohren nicht kalt werden, und ihn immer wieder zuzudecken. Die beiden sind fast immer draußen unterwegs, denn so ein Kind, das braucht ja frische Luft. Und übrigens auch Vitamine. Davon hat sie immer eine Tüte voll dabei.

Woher ich weiß, dass sie jüdisch ist? Weil sie sich exakt genauso verhält wie meine Mutter mit Dir.

Und genau deshalb kann ich es mir leisten, eine coole, unbesorgte Mutter zu sein, weil ich ja weiß, dass jemand anderes dafür sorgt, dass Du genug frische Luft, Vitamine und warme Klamotten bekommst. Die damit einhergehenden Vorwürfe und Klagen und Seufzer in meine Richtung kann ich aushalten, sie kenne ich von Geburt an, man nennt sie »kvetschen«. »Kvetschen« ist der USP jüdi-

Geradezu panisch ist die Angst der jüdischen Mütter vor möglichen Bakterien, vor »Schmutz«, ein jiddisches Wort. Weshalb Babys nach Ansicht jüdischer Großmütter das erste halbe Jahr zu Hause beziehungsweise in der Natur, an der frischen Luft, und sonst nirgendwo sein sollten.

Kommentar Deiner Großmutter, als Du, drei Wochen alt, gerade angezogen wurdest, um mit uns im Restaurant zu essen: »Und jetzt gehst du zu den vielen Bakterien, nicht wahr, da, wo die ganzen Bakterien und Viren sich tummeln, da geht mein armer kleiner Junge hin!«

scher Mutter, es ist ihre Spezialität, ihr herausragendes Talent, es geht mit Sätzen einher wie »Du bringst mich ins Grab!« und »Oh, mein Herz«, dabei erfreuen sie sich meist bester Gesundheit. Jedes jüdische Kind, ob Mann oder Frau, ist multitaskingfähig, es ist imstande, mit seiner Mutter zu telefonieren und sein Leben nebenbei zu führen, zu kochen, aufzuräumen, Kinder zu erziehen, das Haustier zu füttern, zu arbeiten, fernzusehen (mit Untertiteln, versteht sich) und zu essen. Das Gefühl der Schuld wird dabei erfolgreich ignoriert.

Treffen sich jüdische Kinder, findet des Öfteren ein Wettstreit darüber statt, wessen Mutter die jüdischste ist. Der Ärger über die jüdische Mutter geht unweigerlich mit einem Stolz auf diese einher.

Eine Freundin erzählte, wie ihre Mutter ihr ein Paket mit gebackenen Hähnchenschenkeln ins Schullandheim schickte, für den Fall, dass das Essen dort nicht gut sei.

Ein Berliner Freund berichtet immer wieder gerne, dass seine Mutter, die in Kanada lebt, ihn jeden Morgen nach deutscher Uhrzeit anruft, um ihn über das Wetter in seiner Stadt Berlin zu informieren.

Eine andere Freundin schilderte, wie ihr Bruder sie mit Unmengen warmer Unterwäsche im Gepäck besuchen kam. Ihre Mutter hatte es ihm aus Amerika mitgegeben. Den misstrauischen Zollbeamten versicherte

---

Ich sage Kind und setze es mit Mann und Frau gleich, so wie es eine jüdische Mutter tut. Meine Mutter erzählte folgenden Witz zu diesem Thema: Eine jüdische Mamme zu ihrem Sohn: »Moischele, zieh einen Schal und eine Mütze an, draußen ist windig!« Moischele: »Mama, ich bin nicht nur selbst Vater, ich bin sogar Großvater!« Jüdische Mamme: »Aber es ist trotzdem windig!«

Kommentar zum Kommentar: Berühmtester jüdischer Witz zum Thema jüdische Mamme: Was ist der Unterschied zwischen einer jüdischen Mutter und einem Panzer? Einen Panzer kann man aufhalten.

er: »Das ist für meine Schwester, wirklich! Wir haben eine jüdische Mutter!«

Gut, ich habe zu diesen Geschichten nichts beizusteuern, meine Mutter ist ja nicht so.

Vor einiger Zeit besuchten wir Deine Großeltern. Du schliefst neben mir im Bett, es war kurz vor Mitternacht, ich hatte eine kleine Nachttischlampe an und las. Meine Mutter kam herein, um Dich schlafend zu sehen.

> Was kann sie auch dafür? Du bist ja so süß!

»Wie kannst du bei diesem Licht nur lesen?«, fragte sie. »Du machst Dir die Augen kaputt!« Sie schaute auf die Uhr: »Und überhaupt, es ist schon spät, Lena! Mach das Licht sofort aus, jetzt wird geschlafen!«

Es war kurz vor meinem dreißigsten Geburtstag, neben mir schlief mein Kind.

Nein, ich bin/werde keine jüdische Mutter, versprochen, mein Mischa, mein Kind, für das ich lebe, für das ich alles tue, für das ich dreiundzwanzig Stunden lang in den Wehen lag. Es hat sehr wehgetan, mein Kleiner.

Na und, wenn Dein Vater sagt, ich würde neuerdings öfter anrufen, wenn ich ohne Dich unterwegs bin.

Na und, wenn Dein Vater sich über mich lustig macht, wenn ich ihm sage, er soll Dich nicht fallen lassen, wenn er Dich in die Luft wirft und Du quiekst vor Vergnügen darüber.

Meine Mutter ist keine jüdische Mutter und ich auch nicht. Wirklich nicht.

Und weil jeder Psychologe sagen würde, dass man sein Muttergefühl nicht finden kann, ohne sich mit der eigenen Mutter auseinanderzusetzen, sage ich in meiner emotionalen jüdischen Art, die ich von meiner Mutter geerbt habe: Danke, Mama, für alles, was du getan hast, für alles, was du tust, danke für das, was ich bin.

Natürlich darfst Du heiraten, wen Du willst, aber ...

Aber natürlich darfst Du das! Das wäre ja noch schöner, wenn ich mich in Deine Partnerwahl einmischen würde! Ich werde auch zu der dümmlichen langbeinigen Blondine mit den überlangen Fingernägeln sehr nett sein, die irgendwann einmal an unserem Frühstückstisch sitzen wird. Ich werde mir sagen, dass Du sie nur deshalb mitgebracht hast, weil das zu Deiner rebellischen Pubertätsphase dazugehört, ich werde die Zeitung beiseitelegen und mich mit ihr unterhalten, so gut es eben geht, und Deinen Vater dazu bringen, dass er das ebenso macht. Ich werde so eine obercoole Mutter sein, dass du es nie wieder für nötig halten wirst, eine dümmliche langbeinige Blondine mit überlangen Fingernägeln mitzubringen!

Ich werde es machen wie meine Eltern. Als ich sechzehn war, eröffnete ich ihnen, bei meiner Geburtstagsparty würde geraucht werden. Sie hätten außerdem an dem Abend und über Nacht das Haus zu verlassen, die Jungs und Mädels würden auch bei mir übernachten. Ich hatte zu der Zeit grüne Haare und gab meine Klassenarbeiten grundsätzlich leer ab, um Lehrer und Eltern zu provozieren und etwas aufzufallen. Ich wusste so

> Vielleicht.

> Ich werde ihn daran erinnern, wie er immer sagte, wir wollen Dir helfen, Deinen Weg zu gehen, nicht unseren.

> Wer hätte gedacht, dass ich einmal diesen Satz sagen würde?

gar nicht, wer ich war. Ich teilte meinen Eltern also die Grundbedingungen für meine Party in ihrem Haus mit und schaute sie erwartungsvoll an. Was wollte ich? Verbote, schockierte Gesichter, Geschrei? Damit ich was hätte tun können? Mich erwachsen und unverstanden fühlen wie noch nie jemand zuvor und in Wirklichkeit jeder Teenager der Welt?

Meine Eltern enttäuschten mich, indem sie mir viel Spaß bei der Party wünschten und meine Forderungen nicht infrage stellten. Ich rauchte auf der Party eine Packung Zigaretten, die mir nicht schmeckten, und danach nur noch an den seltenen Abenden, an denen die Pubertät zurückkam und eine Zigarette sich cool anzufühlen versprach, dann aber doch immer wieder schlecht schmeckte. Ich werde es machen wie meine Eltern. Ich werde mich nicht in Deine Rauchangelegenheiten einmischen und auch nicht in Deine Partnerwahl. Natürlich darfst Du heiraten, wen Du willst, aber ...

Und ich werde auch nicht die Mutter sein, die sich mit Dir einen Joint reinzieht und mit Deinen Freunden abhängen will, keine Angst. – Außer ich werde so cool sein, dass Du mich dazu einlädst!

Meine Verwandtschaft in Russland mochte Deinen Vater sofort. Gemäß echt-russischer Gastfreundschaft nahm sie ihn herzlich in die Familie auf und mästete ihn.

Sie mochte ihn dann noch ein klitzekleines bisschen mehr, als sie erfuhr, dass er jüdisch ist.

Es war der zweite Abend unserer zweiwöchigen Petersburgreise, ein Ausflug in meine Kindheit sozusagen, und meine Tante,

Deine Großtante also, und Dein Vater stießen bereits zum dritten Mal mit Wodka auf Bruderschaft an. Als Dein Vater von seiner Familie erzählte, erwähnte er nebenbei deren Jüdischsein.

»Er ist jüdisch?«, fragte meine Tante mich mit etwas zitternder Stimme.

Ich wunderte mich, dass meine Mutter das in all den Jahren, die ich mit Deinem Vater bereits zusammen war, noch nie erzählt zu haben schien.

Ja, nickte ich.

»Du bist jüdisch?«, fragte meine Tante zur Sicherheit noch einmal Deinen Vater auf Russisch.

Ja, nickte er. So viel Russisch versteht jeder Jude.

»Er ist jüdisch!«, rief meine Tante triumphierend auf, sprang auf, lief um den Tisch herum und küsste Deinen Vater stürmisch auf beide Wangen.

Meine Tante ist noch nie in einer Synagoge gewesen.

Ich fand das nicht gut. Meine Tante sollte Deinen Vater natürlich mögen, lieben sollte sie ihn sogar, aber nicht um seines Jüdischseins willen. Sondern als Mensch. Um seines Charakters, seiner inneren Werte, seiner Ausstrahlung willen. Jeder Mensch ist gleichwertig und sollte nicht nach seiner Herkunft beurteilt werden, davon bin ich überzeugt. Ich, die ich gegen Fremdenfeindlichkeit und Rassismus demonstrieren gehe.

Deine sture, horoskopgläubige, kettenrauchende und absolut liebenswerte Großtante. – Nun würde sie bei der Bemerkung mit dem Stursein sofort widersprechen. Es gibt ihrer drei: diese Tante, die Tante in New York und meine Mutter. Drei Cousinen. Drei Cousinen, die alle stur sind und von denen jede steif und fest behauptet, sie selbst sei ja gar nicht stur, die beiden anderen aber auf jeden Fall.

Juden sind keine bessere Rasse.

Juden auf der ganzen Welt machen sich Sorgen, ihre Kinder könnten es wagen, einen nichtjüdischen Partner zu ehelichen. Aufgeklärte, säkulare Juden tun es stiller als ihre orthodoxen Pendants, weil dies eigentlich ihrem intellektuell-philosophischen Weltbild widerspricht, aber sie tun es ebenso. In den USA machen es viele jüdische Organisationen offen zu ihrem Ziel, »Intermarriage« zu verhindern. Statistiken wie die, dass mittlerweile mehr als fünfzig Prozent der amerikanischen Juden mit nichtjüdischen Partnern verheiratet sind, jagen ihnen Angst ein.

> Deine vielleicht auch? Ich würde schätzen, ja.
> Kommentar zum Kommentar: Sie würde sagen: Nein.

Jüdische Großmütter sagen Dinge wie: »Dein Großvater würde sich im Grab umdrehen!« oder – vielleicht – schlimmer noch: »Sind denn sechs Millionen Juden umsonst umgekommen? Wie kannst du das deinem Volk antun?«

Es wird interessant für Dich sein, zu erfahren, dass die Wahl Deines Ehepartners nicht nur Dich was angeht, sondern ein ganzes Volk.

»Ich bin doch kein Rassist!«, wirst Du ihnen antworten wollen oder – vielleicht – schlimmer noch: »Was haben die sechs Millionen mit meiner Hochzeit zu tun?«, aber sagen wirst Du nichts, wie so viele vor Dir nichts gesagt haben.

Du wirst nichts sagen, weil Du ein nettes jüdisches Kind bist, das seinen Großmüttern keinen Schmerz verursachen möchte.

Ich werde vielleicht etwas sagen, in Deinem Namen widersprechen, denn natürlich möchte ich, dass Du heiratest, wen Du willst, und natürlich möchte ich Dich vor solchen Sätzen bewahren. Ich werde vielleicht etwas sagen und vielleicht auch nicht. Weil ich im tiefsten Grunde meines Herzens fühle und im tiefsten Grunde meines Kopfes denke – und so sehr widerspricht es meinen korrektpolitischen Weltvorstellungen, dass ich mich kaum traue, das hinzuschreiben: Es wäre vielleicht doch nett, wenn Du eine Jüdin heiraten würdest. Oder einen Juden. Dies ganz, wie Du willst. Dass Du nach all Deinen zahlreichen Beziehungen und Affären mit Gojim dann doch Kinder mit einer jüdischen Person hast. Mit jemandem von uns.

Zwei Herzen schlagen, ach, in meiner Brust. Mein aufgeklärtes, weltoffenes Herz ist das laute. Bumm, bumm, bumm macht es in regelmäßigen Schlägen, laut, selbstbewusst, deutlich. Das andere ist das jüdische Herz. Es ist leiser, unregelmäßiger. Es macht: aber, aber, aber. Und manchmal: Oj vej.

Nehmen wir mal an, indem wir einen Blick in die Zukunft wagen, Du hast eine Maria mit nach Hause gebracht. Nehmen wir das doch mal kurz an. Maria ist eine nette junge Frau, Du hast sie in einem Doktorandenseminar kennengelernt, sie ist blond, aber keineswegs blöd, ganz im Gegenteil, sie ist nett und höflich, und manchmal zeigt sie eine Spur von Humor. Nehmen wir mal an, Du bist bis

Selbstverständlich gehe ich davon aus, dass Du Deine zukünftige Frau in einem Doktorandenseminar kennenlernst – auch wenn Du nur Mechaniker in einer Autowerkstatt bist.

über beide Ohren in sie verliebt. Und sonst nehmen wir mal gar nichts an.

»Mama, Papa, Babuschka, Deduschka! Maria und ich werden im Übrigen zusammenziehen!«, sagst Du.

»Heiraten?«, fragt Deine Großmutter.

»Nein. Zusammenziehen«, wiederholst Du.

»Sage ich doch: Heiraten. Wenn man zusammenzieht, muss man heiraten«, erklärt Deine Großmutter.

»Das ist ja toll, habt ihr schon eine Wohnung?«, frage ich interessiert, aber betont beiläufig.

Na ja, ehrlicherweise höre ich an dieser Stelle doch eher meine Großmutter reden als Deine, aber wir nehmen ja auch gerade nur an ...

(»*Ist das nicht toll, mein Sohn ist so groß, dass er mit einer jungen Frau zusammenzieht! Ach, das freut mich aber, dass er glücklich ist!*«, sagt mein aufgeklärtes, weltoffenes Ich.)

»Aber, aber, aber ...«, pocht das jüdische Herz.

»*Was denn aber? Maria ist doch sehr nett. Ich glaube, die beiden passen gut zusammen. Ach, ich freue mich so sehr für Mischa! Mischa und Maria, wie nett!*«

»Aber, aber, aber! Aber wäre Mischa und Golde nicht netter?«

»*Golde, was für ein schrecklicher Name! Aus welchem Jahrhundert stammt der denn?*«

»Es geht hier nicht um den Namen! Und das weißt du ganz genau!«

»*Psst. Nichts weiß ich ganz genau, außer, dass ich gerade meinem Sohn zuhören möchte!*«)

... der Du gerade begeistert und freudig

aufgeregt von der Wohnung erzählst, die Ihr Euch angesehen habt.

»Ach, und einen Balkon hat sie auch?«, frage ich interessiert, aber betont beiläufig.

Und Du, der Du Dich über das ehrliche Interesse freust, sagst mir, ich müsste Euch unbedingt bald besuchen, sobald Ihr eingezogen und eingerichtet seid.

»Deine Eltern werden euch beim Umzug helfen!«, erklärt Dein Großvater, worauf Dein Vater, der sich wahrscheinlich noch lebhaft dran erinnern kann, als wie hilfreich sich unsere Eltern bei Umzügen erwiesen haben, schnell hinzufügt: »Aber nur, wenn ihr wollt!«

»Aber natürlich wollen wir, sehr gerne!«, sagt Maria, weil sie höflich sein möchte zu den Eltern ihres Freundes.

(»Aber, aber aber! Oder weil sie höflich sein möchte zu den zukünftigen Schwiegereltern?«

Und wenn schon. Sie wäre eine tolle Schwiegertochter, und Mischa scheint sie wirklich gern zu haben!«

»Ähm, Maria. Sie heißt Maria. Frag sie nach ihrer Religionszugehörigkeit.«

Die ist mir doch egal! Hauptsache, sie ist nett, Hauptsache, sie ist ein guter Mensch, und vor allem, Hauptsache, Mischa ist glücklich mit ihr!«

»Oj vej.«)

»Na, dann stoßen wir mal auf eure neue Wohnung und die gute Nachricht an!«, sage ich und stehe auf, um allen Wein einzugie-

Ich hätte jetzt auch annehmen können: »Aber natürlich wollen wir, sehr gerne«, sagst Du, weil wir ja Eltern sind, die bei Umzügen nicht mit sinnvollen/sinnlosen Ratschlägen herumnerven, sondern tatsächlich eine große und angenehme Hilfe sind.

ßen. Dabei fällt mir, sieh mal einer an, ein Glas um.

»Mazel tov!«, sagt Dein Vater.

»Mazel tov!«, sagt Deine Großmutter.

»Mazel tov!«, sagt Dein Großvater.

»Mazel tov!«, sagst Du.

»Mazel tov!«, sagen die Augen unseres Hunderabbis Blacky.

»Ups!«, sagt Maria.

»Was heißt denn ›Massel tohf‹?«, fragt Maria.

»Oj vej«, sagt mein jüdisches Herz.

Und das andere Herz schweigt.

Eines der kräftigsten Argumente gegen »Intermarriage« lautet, man dürfe das jüdische Volk, die jüdische Religion nicht aussterben lassen. Das Argument wird meist von thorakundigen und -treuen Menschen propagiert, die »Intermarriage« sogar als »stillen Holocaust« bezeichnen. Es sind oft dieselben, die auf die Barrikaden gehen, sobald der »Holocaust«-Begriff den Juden entzogen und fremdverwendet wird, die ihren Nachkömmlingen und Volksgenossen diese große Sünde der eigenen Partnerwahl vorwerfen.

Lassen wir mal die intellektuelle Fragwürdigkeit dieser Diskussion beiseite. Aber sollten die Thorakundigen nicht wissen, dass G"tt uns in ebendieser Thora versprochen hat, das jüdische Volk werde ewig währen? Und was ist mit Moses, unserem Urvater aus der Thora, der Zipporah heiratete, die keine Jüdin war? Was ist mit Esther, die wir an Cha-

---

Wir sagen nur Mazel tov, wenn etwas umfällt.

Nehmen wir jetzt mal an, er lebt bis dahin. Wovon ich selbstverständlich ausgehe.

»Indian Holocaust«, »Hungerholocaust«, »atomarer Holocaust«, »roter Holocaust«; »Bombenholocaust« lasse ich jetzt mal weg.

nukkah bejubeln, war ihr Mann, der König Ahashverosh, etwa jüdischer Abstammung? War Ruth nicht eine Konvertitin?

Es gehe auch darum, erklären uns die kopfschüttelnden Großmütter und die gläubigen Orthodoxen, die jüdische Religion an die Kinder weiterzugeben.

Religion, welche Religion? Ich habe außer gefillte Fisch, Tum-Balalaika und Erzählungen meiner Großeltern keine Religion mitbekommen, und das ist – vielleicht leider, vielleicht auch nicht – ein Phänomen, das sich sowohl in der Diaspora als auch in Israel weit über die russisch-jüdische Bevölkerung hinaus erstreckt.

Ich bin mit Deinem Vater, einem echten, hundertprozentigen Juden, verheiratet, wie Deine Großmutter stolz ihren Freundinnen in der jüdischen Gemeinde erzählen kann, aber unsere Religionsausübung ist einer Erwähnung nicht wert und besteht hauptsächlich aus ein paar hübschen Chanukkah- und Schabbatleuchtern, die wir im Wohnzimmer verteilt haben.

Es geht um den Menschen und nicht um seine Religions- oder Volkszugehörigkeit, sage ich laut, aufgeklärt, wie ich bin.

Aber ganz leise denke ich mir und verscheuche den Gedanken sofort: Schon gut, dass Dein Vater Jude ist. Weil er Dinge verstehen kann, die andere nicht unbedingt verstehen, den jüdischen Humor zum Beispiel.

Aber kommt es darauf an?

Und noch leiser denke ich mir, weil ich ja unbedingt möchte, dass Du Deine eigenen Entscheidungen triffst und ich diese unterstützen möchte, ob ich sie nun gutheiße oder nicht, also beinahe lautlos denke ich: Wäre aber nicht schlecht, wenn Mischa eine Jüdin heiraten würde. Irgendwann. Falls er will, natürlich. Freuen würde ich mich.

Diese Religion habe ich von meiner Großmutter mitbekommen. Das tut mir leid.

Warum Du doch ein bisschen klüger bist als die anderen

Dein Großvater hat schon darauf hingewiesen, bevor du auf der Welt warst, das heißt, bevor der Genieverdacht auf Dich fallen konnte: »Hauptsache, der Junge wird gesund! Und klug!«

Es ging gerade einmal wieder um Deinen Namen. Die Vorschlagsliste war lang: Verboten war alles, was zu den Top Ten der Namen der letzten Jahre gehörte, verboten war alles, was zu bayerisch klang (und so wurdest Du dann doch nicht Leopold), verboten war alles, was an Persönlichkeiten aus der Geschichte, insbesondere der Musikgeschichte, erinnerte (und so wurdest Du dann doch nicht Béla). Dein Vater schlug Schlomo vor, jüdisch, jiddisch, schön. Wir waren gerade zu Besuch bei der Familie von Freunden auf deren Bauernhof, und der selbst gebrannte Schnaps machte die Runde und floss indirekt auch in die Namensvorschläge Deines Vaters ein. Unser Freund hängte dem Schlomo ein Grinblum an, Schlomo Grinblum, das fanden alle schön. Darauf wurde angestoßen.

Ich schlug dann Adolf als zweiten Namen vor, Schlomo Adolf Grinblum, ich war die Einzige, die den Schnaps nicht trank, son-

O-Ton: Dein Vater.

O-Ton: Dein Vater.

Was ich schade fand, denn ich hatte den Schnaps bei der Hochzeit unserer Freunde auf diesem Bauernhof getrunken, ich war Trauzeugin und nach dem zehnten Glas besorgt, weil die Kühe kopfstanden.

Und ja, wir haben noch vor Deiner Geburt einen Fond eingerichtet, aus dem Du Deine Psychoanalyse bezahlen kannst. Kommentar zum Kommentar: Und wie wird der Analytiker sich freuen, wenn Du Dich bei der ersten Sitzung vorstellst: »Mein Name ist Schlomo Adolf Grinblum.« Diese Therapie wird seinen neuen Porsche bezahlen.

dern Saft, ich trug Dich im Bauch und war also brav. Schlomo Adolf Grinblum, da würden sich zwar gewisse Menschen im Grab umdrehen, aber das wäre vielleicht ganz gut so. Geschichte geraderücken und so weiter. Deutsch-jüdische Symbiose in einem Kind.

»Schlomo Adolf Grinblum, komm sofort her!«, würde ich auf dem Spielplatz rufen. Das machte sich doch gut.

Manchmal haben wir auch ernsthaft über Deinen Namen gesprochen. Ernst deshalb, weil wir eigentlich beide wussten, dass Du Chaim heißen solltest. Irgendwie wussten wir schon immer, dass das Dein Name war. Ein sehr jüdischer Name.

»Wir können ihn doch nicht Chaim nennen!«, sagte einer von uns.

»Warum denn nicht?«, fragte der andere; unsere Rollen waren jederzeit austauschbar.

»Das ist zu jüdisch. Er kann nicht in Deutschland leben und Chaim heißen.«

»Dann wandern wir nach Israel aus!« Dieser Vorschlag konnte nur von Deinem Vater stammen.

»Ich wandere nicht aufgrund eines Namens nach Israel aus! Im Ernst, wie wird er nun heißen?«

»Schlomo Adolf Grinblum, steht doch schon fest.«

»Im Ernst.«

»Chaim.«

»Wir können ihn doch nicht Chaim nennen!«, und so weiter im Kreis, Tag für Tag, Woche für Woche, Monat für Monat.

Irgendwann einmal heißt Du Mischa, nach dem uralten Brauch, die Kinder nach verstorbenen Verwandten zu benennen, diesen zu Ehren. Mischa Chaim.

Was mich, als ich wieder einmal von einem Baby hörte, das meinen Langzeitfavoriten-Namen Béla trug, jammern ließ: »Siehst du, alle heißen Béla!«, woraufhin Dein Vater antwortete: »Alle heißen Béla, nur Mischa nicht, der heißt schon Chaim.«

Und dann wieder von vorne... Und das Einzige, was mein Vater, Dein Großvater, zwischen Adolf Schlomo Grinblum, Mischa, Chaim, Leopold, Béla und den zahlreichen anderen Vorschlägen beizutragen wusste, war: »Hauptsache, der Junge wird gesund! Und klug!«

Das kannte ich aus der Kindheit. Alles durfte man sein: unmusikalisch, unsportlich, ungezogen sogar, nur unklug, ungebildet, das ging nicht. Berühmte Maler nicht kennen? Klassiker nicht gelesen haben? Bei jedem unbekannten Begriff nicht im Lexikon nachgeschaut haben? Sinnlose Zeitschriften lesen? Beim Mittagessen keine logischen Aufgaben lösen können? All das war bei uns inakzeptabel, ausgeschlossen.

»So viel Druck, wo bleibt da die Kindheit? Ein Kind lernt, weil es lernen will, wenn es lernen will.«

Das kann nur jemand sagen, der meine Familie nicht kennt, der eine jüdische Familie nicht kennt. Ein Kind lernt, weil es immerzu lernen will: Diese Tatsache ist so unverrückbar wie die, dass man Mama und Papa lieb hat, und da Mama und Papa die Besten sind, besteht auch nicht der geringste Druck. Denn eine Tatsache übt keinen Druck aus, auf keinen Fall.

<small>Nicht wahr, Mischa?</small>

Egal, mit welcher Note ich nach Hause kam, selbst wenn es eine Eins war, mein Vater fragte: »Gab es denn jemanden, der besser war?«, und meine Großmutter fragte: »Was war der Durchschnitt?«

Ich bin fünf Jahre alt und soll Schach spielen gegen meinen Vater. Partie 372. Es steht 372:0 gegen mich. Ich denke nach. Mindestens drei Züge im Voraus soll ich denken, ermahnt mich mein Vater, während er sich in die Küche begibt. Wer sagt denn, man lässt dem Kind keine Zeit zum Denken?

»Lass sie doch einmal gewinnen!«, flüstert meine Mutter. Der Flüsterton in meiner Familie ist in jedem Zimmer deutlich zu hören.

»Nein. Wenn sie gewinnt, soll sie gewinnen, weil sie es kann. Nicht, weil ich sie gewinnen lasse.«

Habe ich schon erwähnt, dass mein Vater vierstellige Zahlen im Kopf multipliziert und berühmte Schachpartien aus dreißig Jahrzehnten auswendig kennt? Ich werde gewinnen, weil ich es kann. Nicht, weil er mich gewinnen lässt.

»Aber sie wird mehr Spaß am Schach haben, wenn sie gewinnt!«, weiß meine Mutter einzuwenden.

»Sie wird Spaß haben, wenn sie gewinnt, weil sie sich den Sieg verdient hat!«

Ich hatte eine schlimme Kindheit. Deinen Vater (und jetzt hätte ich so gerne gesagt: Befürworter von Waldorfschulen, des Namentanzens, musikalischer Spiele, des Lernens im eigenen Tempo, aber ich weiß, dass er mir wieder Undifferenziertheit vorwerfen würde, also lasse ich es) stimmen solche Geschichten mitleidig.

Dabei *habe* ich meinen Vater einmal im Schach besiegt. Nur einmal, und dabei wusste ich hundertprozentig, dass ich mir den Sieg verdient hatte.

Das jüdische Bildungsideal wurde von Jahrhundert zu Jahrhundert, von Familie zu Familie, von Gen zu Gen weitergegeben. Mit anderen Worten: Das Lernen liegt den Juden im Blut.

Folgendes Gespräch führte ich soeben mit Deiner Großmutter, während sie versuchte, Dir das Laufen beizubringen. Laufen lernen tun Kinder gewöhnlich von selbst, das haben die Natur oder G"tt oder beide so eingerichtet, aber das sagte ich jetzt lieber nicht. Weil ich Dir ja schon nicht die wärmste Jacke der Welt gekauft habe und somit sowieso eine Rabenmutter bin und Du deshalb nicht rausdarfst heute. Moment mal, was stimmt an diesem Bild nicht? Jemand erzählt *mir*, Deiner

Oje, schon wieder die Gene.

Mutter, was Du darfst und was nicht? Ach ja, *meine* Mutter.

»Was fällt dir zur jüdischen Bildung ein?«, fragte ich, während sie mich unterbrach: »Schau, schau, er läuft schon fast«, dabei standest Du nur, wackelnd und nur deshalb nicht umfallend, weil sie Dich festhielt, mit diesem Blick: »Was machen die schon wieder mit mir? Ich will doch nur sitzen und spielen!«

»Hast du meine Frage nicht gehört?«

»Was soll ich denn zur jüdischen Bildung sagen?«

»Na, was fällt dir zu dem Thema ein, dass Juden immer gerne wollen, dass ihre Kinder gebildet, gelehrt sind?«

»Das ist doch klar. Es ist, weil jüdische Kinder keinen Sport machen wollen, sondern lernen wollen«, antwortete sie.

Ach, apropos Sport. Das mit dem Krabbeln war Deine Sache nicht.

Entschuldige, dass ich das so direkt sage.

Als richtige Mutter machte ich mir selbstverständlich Sorgen. Ich besuchte keine Babykurse mit Dir, schon deswegen nicht, weil ich gar nicht wusste, dass es welche gab. Bis mich eine Mutter im Kinderarzt-Wartezimmer fragte: »In welche Kurse gehen Sie so mit Ihrem Sohn?« Ich stutzte kurz, denn du warst drei Monate alt und zeigtest bisher weder Interesse am Yoga noch am Häkeln, und antwortete: »Was für Kurse? Er ist gesund.« Später, nachdem ich drei von vierzehn Malen in einem solchen Kurs gewesen war, den uns jemand geschenkt hatte, mied ich sie erst recht.

Diese Kurse sind ein Mittel, um die langweilige Zeit mit dem Baby erträglicher zu machen und einen Programmpunkt in der Woche zu haben – dass die Zeit mit einem Baby langweilig sein könnte, würde natürlich keine der Mütter je zugeben, denn die sind da, um alles toll zu finden. Die sagen zum Beispiel bei der Vorstellungsrunde, in der man sein Baby tatsächlich samt seinen Hobbys präsentieren muss (ich überlegte fieberhaft: spucken?, schlafen?, essen?, Windeln füllen?, bist du ein Spätentwickler, weil ich sonst nichts anzubieten habe?, zählt Mobile-über-dem-Bett-Betrachten als ernsthaftes Hobby?): »Also, der Leon, der schläft so gut wie gar nicht, wacht fünfmal die Nacht auf, aber wir haben es so schön miteinander, der Leon und ich, sehr schön!« Jeder Kurs fing damit an, dass man ein positives und ein negatives Erlebnis aus der vergangenen Woche berichten musste, das machte mich aggressiv.

Aus dem Kurs mochte ich eigentlich nur Diana. Diana kam meiner Meinung nach direkt aus dem Unterschichtenfernsehen zu unseren Sitzungen. Diana hatte vier Kinder, von vier Vätern, wie sie bei der ersten Vorstellungsrunde stolz den anwesenden Rechtsanwalts- und Arztfrauen erzählte. Ihr Jüngster hieß John wie die Kinder im Osten und verschlief jede einzelne Stunde. Wenn ihr vorsichtig nahegelegt wurde, John doch mal lieb zu wecken, damit er etwas vom Kurs hätte, antwortete sie: »Bin ich blöd, oder was? Ich

Wie eine Freundin über die erste Zeit mit ihrem Sohn erzählte: »Also, ich war schon an den Tagen aufgeregt, wenn die Windeln aus waren und ich los musste, um neue zu holen. Dann hatte ich ja einen Termin!«

genieße mal die ruhige Zeit! Hab ja noch drei andere zu Hause.«

Besonders beliebt bei diesen Müttern waren immer die Vergleiche: »Das ist aber eine tolle Jeans! Ist die von Petit Bateau? Die steht deinem Baby aber gut!«

> Dem kahlköpfigen, ins Nichts starrenden.

Diana, mein heimliches Vorbild, riet den Müttern, die ihre Kinder meist passend zum eigenen Outfit ausstaffierten und sie in überdimensionalen, unpraktischen, aber dafür coolen Retrokinderwagen brachten: »Am besten kauft man beim Kikdiscount ein, da gibt es alles in Siebenerpacks!«

Dort wurde ich auch mit der Frage konfrontiert: »Was für einen Pucksack verwendet ihr?«

Dieses interessante Wort hatten wir zum ersten Mal von einer Freundin gehört. Sie hatte wie selbstverständlich gerufen: »Was ihr auf jeden Fall braucht, ist ein Pucksack!«

Dein Vater bekam einen minutenlangen Lachanfall, und ab da baute er diesen Begriff in allen möglichen Varianten in seine Sätze ein:

»Wenn er erst einmal da ist, wird er gepuckt!«

»Ach, was werde ich ihn pucken!«

»Alles ist bereit, nur der Pucksack fehlt!«

> Auch das Tragetuch mochtest Du nicht, in dem Babys so eng am Körper der

Wie auch alles andere, was man angeblich haben muss, weil es Babys beruhigen soll, konntest Du den Pucksack nicht ausstehen. Du warst ein rundherum zufriedenes Baby, außer Du wurdest in einen Pucksack gesteckt.

Und dann kam irgendwann die unvermeidliche Frage: »Kann deiner schon krabbeln?«

»Ähm, nein.«

Klar machte ich mir Sorgen, ich bin ja Deine Mutter, jedes Kind, das ich sah, analysierte ich: »Wie alt ist es? Wie bewegt es sich?«

Und während ich also im Kopf eine Vergleichstabelle anlegte, flüsterte mir Dein Vater meist zu: »Ist Mischa nicht so viel toller?«

Wie unterschiedlich doch Wahrnehmungen und Gedankengänge sein können.

Aber klar bist Du toll, der Tollste überhaupt! Immer wieder standen wir neben Deinem Bett und fragten uns, wie es sein konnte, dass Du so endlos, endlos toll werden konntest! Also so viel toller und süßer und großartiger als alle anderen Kinder dieser Welt! Irgendwo dunkel im Hinterkopf waberte das sehr theoretische Wissen, dass alle Eltern diese Gedanken beim Anblick ihres Kindes haben, aber das konnte ja nur daran liegen, dass sie Dich nicht kannten.

Und das, obwohl Du lange nicht krabbeln wolltest.

Was Dein Großvater wieder einmal mit: »Hauptsache, der Junge ist gesund! Und klug!« kommentierte. »Er soll ja auch nicht die Olympischen Spiele gewinnen, sondern den Nobelpreis.«

Ich stimmte ihm zu, nur auf die Kategorie konnten wir uns nicht einigen. Medizin oder Literatur? Frieden oder Physik?

Mutter getragen werden wie Kängurubabys. Logisch. Du bist ja kein Känguru.

Und, wenn ich ehrlich bin, stehen wir heute noch. Und wahrscheinlich werden wir unser ganzes Leben stehen.

Kommentar Deines Vaters: »Wie, du willst auch neben seinem Bett stehen, wenn er erwachsen ist?«

Ich sage »wolltest«, nicht »konntest«, das habe ich von Deinem Vater gelernt.

Ich machte mir dennoch Sorgen, etwas leiser vielleicht. Bis Du Deine Liebe zu Büchern entdecktest. Du saßt da und konntest Dir relativ früh relativ lange Bilderbücher ansehen. Du lachtest, wenn Du unsere Bücherregale sahst. Du blättertest meine Seiten um, wenn ich las und Dich auf dem Schoß hielt. Seite für Seite. Ich war – wieder einmal – hin und weg von Dir.

Krabbeln, das kann jeder. Was interessiert uns das? Wir sind doch Juden.

Zum Beweis: Ich bin tatsächlich einmal mit Dir in eine jüdische Mütter-Kind-Gruppe gegangen, wo mich keiner fragte, ob Du schon krabbeln kannst. Denn hier waren die meisten Spätzünder, die nicht krabbeln oder laufen konnten, sich dafür aber ebenso für Bilderbücher interessierten wie Du. Nein, Du sollst kein jüdischer Nerd werden mit dicken Brillengläsern, einem dicken Buch unter dem Arm, dem blassen Gesicht eines Mamasöhnchens, warmer Schal um den Hals. Aber auch kein Fußballprofi.

Fragen über Fragen. Lasse ich Dich im Schach gewinnen? Was mache ich, wenn Du in der Schule versagst? Was, wenn Du Dich für Computerspiele anstatt für Naturexperimente interessierst?

Ach, das wird nicht passieren. Du bist ein jüdischer Bubele, da besteht keine Gefahr.

Und jetzt taucht Dein Vater in meinem Kopf auf, der aufschreit: »Leise? Wie, leise? Wie eine echte jüdische Mutter wolltest du über nichts anderes sprechen!«

Die Angst, die mich in der Schwangerschaft am meisten beschäftigte. Der Arzt erzählte beim Ultraschall etwas von »hier ist die Hand« und »da ist die rechte Gehirnhälfte«, wo ich nur weiße und schwarze ineinander verschwommene Linien sah, und ich wollte fragen: Wird er Bücher mögen? Und hielt mich zurück.

Und wenn ich wählen müsste …

Fange ich jetzt schon an? Bin ich wie mein Vater?

Die zehn coolsten Juden der Welt

1. G"tt

Ich meine nicht Jesus. Ich meine unseren G"tt. Ich bin mir nicht ganz sicher, ob er jüdisch ist, aber ich nehme es an, da er so klug war, all das – die ganze schöne Welt – hier zu erfinden. Und da er sich uns als Lieblingsvolk ausgesucht hat. Wer sonst hätte das gemacht? Ein Konvertit vielleicht. Ein Moslem wohl eher nicht. Jesus wollte ich auch gerne in diese Liste aufnehmen, immerhin konnte er übers Wasser laufen, aber Dein Vater fand es zu krass. Deine Patentante wollte Dich gerne an diese Stelle setzen, aber Deine Patentante ist ja auch Deine Patentante.

2. Bob Dylan

Weil er Musiker, Poet, Maler ist und die Ikone der Sechziger war. Und der erste Musiker der Welt, der für den Literaturnobelpreis vorgeschlagen wurde. Weil ich – wie wahrscheinlich die meisten von uns – nie vergessen werde, wie ich an einem Lagerfeuer saß, ein süßer Junge mit Pferdeschwanz *Blowin' in the Wind* auf seiner Gitarre spielte, nicht besonders talentiert, nehme ich an, und ich falsch dazu sang. (Und ja, ich weiß, dass Du nichts über die Liebesgeschichten Deiner Mutter

> Natürlich ganz »objektiv«.

> Eine Freundin erzählte gerade, es sei gar nicht so schwer, übers Wasser zu laufen. Man müsse nur Maisstärke ins Wasser tun und sich dann Langlaufski anschnallen.

> Ja, damals nannte man süße Jungs noch »süße Jungs«.

> Ob jemand über Dich mal schreiben wird, dass Du früher mal Mischa hießest und dann unter einem anderen Namen weltberühmt wurdest?

> Ein Dialog zwischen mir und einem Freund, mit dem wir den Urlaub verbrachten: Ich, mit Stift und Papier und einer aufgemalten Woche darauf: »Lasst uns die Woche planen. Was wir an welchem Tag unternehmen. Wann wir wo sind. Wann wir früh aufstehen, wann wir ausschlafen.« Er, schockiert, weil im Urlaub: »Lena, aber wir sind doch im Urlaub!« Ich: »Ich weiß. Lasst uns den Urlaub planen!« Er: »Aber ich will auch einfach nur mal am Strand liegen und nichts tun und einfach nur sein!« Ich: »Das kannst du ja auch! Wir müssen das nur einplanen! An welchem Tag um welche Uhrzeit möchtest du einfach nur sein?«

hören willst. Deshalb erzähle ich Dir ja keine Liebesgeschichten, sondern dass Bob Dylan früher mal Robert Zimmerman hieß). Und weil ich irgendwie möchte, dass Du weißt, wer gute Musik macht.

3. Woody Allen

Sein Name ist ein Begriff für sich. »Hast du den neuen Woody Allen schon gesehen?« Er macht jedes Jahr einen Film. Sowohl grandiose Klassiker *(Der Stadtneurotiker, Match Point)* als auch Ausrutscher *(The Scoop)*, und es strukturiert mein Jahr, zu wissen, dass ich einen Woody Allen im Jahr sehen kann, muss und werde. Ist das neurotisch? Nun ja, ich nehme auch Socken in einer bestimmten Reihenfolge aus der Schublade, weil mich der Gedanke verrückt macht, dass ich manche Socken öfter als andere anziehe. Mein Herz fängt an zu klopfen, wenn ich feststelle, dass jemand das Geschirr anders in die Schränke geräumt habe, als ich es tue. Ein geplanter Tag ist ein geplanter Tag, und jede Abweichung davon bringt mich dazu, unter die Decke kriechen und nie wieder hervorkommen zu wollen. Und ja, es beruhigt mich im Übrigen, zu wissen, dass es auf jeden Fall einen Menschen auf der Welt gibt, der noch mehr Neurosen hat als ich – zum Beispiel Woody Allen.

4. Albert Einstein

Bester Physiker der Welt. Staatsbürger von: Württemberg, Schweiz, Österreich-Ungarn,

Preußen, USA, staatenlos. Relativitätstheorie. Genie. Nach eigener Aussage: Pazifist, Sozialist, Zionist. $E = MC^2$. Nobelpreisträger. Aber nicht deshalb, sondern weil mein Lieblingszitat von ihm stammt: »Zwei Dinge sind unendlich, das Universum und die menschliche Dummheit, aber bei dem Universum bin ich mir noch nicht ganz sicher.«

5. Jerome D. Salinger
Schrieb ein tolles, erfolgreiches Buch und zog sich dann für sein ganzes Leben zurück. Ich glaube, mehr Kommentar zu seiner Person hätte er nicht gewollt. Auch wenn ich gerne hinzufügen würde, dass ich *Franney und Zooey* besser finde als *Der Fänger im Roggen*.

6. Scarlett Johansson
Die ist echt jüdisch? Die ist doch blond! Ein jüdisches Sexsymbol, wow!

7. Hannah Arendt
Weil einem Sexsymbol eine hochintelligente, begabte, kluge, bedeutende Denkerin folgen muss. Irgendwie denke ich das, obwohl ich keine ausgesprochene Feministin bin. In meinem Kopf sprechen nicht nur meine Mutter und Dein Vater, sondern auch Alice Schwarzer.

8. Deine Patentante A.
Sie ist weder jüdisch noch Deine Tante, aber sie nennt Dich Bubele und macht sich Sor-

gen, dass Du nicht früh genug über Heinrich Heine und Rahel Varnhagen und Familie Mendelssohn und Ludwig Börne lernst. Sie erklärte mir, dass Hirnforscher wissen, dass die Fähigkeit, bis drei zu zählen, angeboren ist, was mich froh stimmte, denn Zahlen finde ich ebenso schön wie Buchstaben. (Seitdem warte ich, dass Du bis drei zählst, aber das tust Du lieber leise für Dich, ja? Ich glaube, Du tust es immer dann, wenn Du die Stirn so runzelst und zur Seite schaust, wenn alle sagen, Du wirkst so müde, aber ich glaube, Du zählst dann einfach bis drei.) Sie sorgt auch für Deine sichere Zukunft, indem sie regelmäßig kontrolliert, ob wir fleißig in den Fond einzahlen, von dem Du Deine Psychoanalyse bezahlen wirst. Sie ist so, wie jüdische Tanten sein sollten, und der lebende Beweis dafür, dass man nicht jüdisch sein muss, um jüdisch zu sein.

9. Edek
Edek ist so großartig, dass es ihn gar nicht geben kann. Es gibt ihn auch nicht. Es gibt ihn nur in Lily Bretts Buch *Chuzpe*, er ist der siebenundachtzigjährige Vater, der den Holocaust in Polen überlebte, von Australien zu seiner Tochter nach New York zieht, wo er Bürozubehör in Großmengen für sie bestellt, dem ferngesteuerten Staubsauger folgt und die vollbusige Klopsköchin Zofia heiratet, denn »Klops braucht der Mensch«. Edek ist möglicherweise nerviger als meine gesamte

auf drei Kontinenten verteilte Familie zusammen, aber seit ich das Buch gelesen habe, träume ich davon, Edek wäre mein Großvater, sowie von Klops zum Frühstück, Mittag- und Abendessen.

10. Jerry Stiller

Deinem Vater zuliebe. Weil er den griesgrämigen Arthur in *King of Queens* spielt, der die großartige Telefonnummer 555-Nase hat, die Dein Vater auch gerne hätte. Ich gebe zu, es gibt keine weiteren Gründe für diese Nominierung, aber ich will ja keine Scheidung.

Entrüsteter Kommentar Deines Vaters: »Arthur ist nicht griesgrämig!« Ich: »Sondern?« Er: schweigt.

»Du bist ein Jude!« Von Menschen, die Dich nur aus einem Grund hassen

Ojojojojojoj. Ein schwieriges Thema ist das. So schwierig, dass ich es am liebsten weglassen würde, aber das geht ja nicht.

Schon mal vorweg: Es wird sie immer geben, die Antisemiten. Darin sind sich die Antisemiten und die Juden ausnahmsweise einmal einig: Solange es Juden gibt, wird es Antisemiten geben. Die Menschen, die Dich hassen, weil Du Jude bist. Oder Dich vielleicht gar nicht hassen, aber Dir bestimme Eigenschaften zuschreiben. Oder Deine vorhandenen Eigenschaften darauf zurückführen, dass Du Jude bist.

Die Frage ist nur, wie viele Antisemiten es auf dieser Welt so gibt. Oder in diesem Land. Das Statistische Bundesamt führt leider keinerlei Statistik zu diesem Thema. Die Meinungen gehen stark auseinander. Viele Juden schätzen die Zahl der Antisemiten als sehr hoch ein. Hier ein Antisemit, da ein Antisemit, überall, wo kein Jude ist, ist ein Antisemit. In den Medien: auch alles Antisemiten. In der Politik sowieso. Ach, sogar beim Bäcker um die Ecke sitzen welche.

Nun könnte man mir vorwerfen, ich bin eine Realitätsverweigerin, weil ich so viele Antisemiten gar nicht sehe. Liegt vielleicht

an der Gnade der späten Geburt, ich habe die
Angst nicht mit in die Wiege gelegt bekommen. Liegt vielleicht auch daran, dass Antisemiten ja auch nicht so einfach an der Nase
zu erkennen sind wie die Juden.

> Oder sie vielleicht da rausgeholt.

Ich fände es schön, wenn die Antisemiten
es uns Juden ebenso einfach machen würden, sie zu erkennen, wie wir ihnen. Nase um
Nase sozusagen. »Schau mal, wie seine geldgierigen Augen hinter seiner Krummnase
verschwörerisch blitzen! Ein echter Jud!«
»Schau mal den großen Blonden an, wie die
Dummheit aus seinen Augen, Ohren und
Mund geradezu strömt! Ein wahrer Antisemit!«

Ich glaube, dass man Antisemiten findet,
wenn man sie sucht. Ich suche lieber Pilze
(im Sommer) und warme Plätze (im Winter).
Beides findet man auch, wenn man danach
sucht. Die Anitsemitismussucher suchen
Antisemiten, und da, wo es keine gibt, fahnden sie nach Antisemitismus von Nichtantisemiten. Die sitzen da, hören zu und warten,
»bis sich einer verrät«: Könnte das ein antisemitisches Wort gewesen sein? Schwang da
gerade was mit? Wenn ich es mir recht überlege, ja, ich glaube, da schwang so ein bisschen ... Antisemitismus hat nämlich so eine
Art zu schwingen, musst Du wissen.

Einmal traf ich einen Juden, der mir lang
und breit erklärte, wie antisemitisch alle Medien seien. Vor Langeweile holte ich eine
Bild-Zeitung und zeigte ihm eine Über-

> Klingt nach dem Beginn eines Witzes, oder?

schrift, die etwas Jüdisches zum Thema hatte und *Bild*-untypisch nichts weiter als eine Tatsache beschrieb. Er dachte nach. Eine Minute, zwei Minuten, ich holte mir einen Kaffee. Als ich zurückkam, grübelte er mit gerunzelter Stirn über der jüdischen Nase. »Na?«, fragte ich triumphierend, denn Antisemitismussucher kann ich nicht so richtig gut leiden. »Aber natürlich ist das eine antisemitische Überschrift!«, triumphierte er, denn er konnte mich nicht so richtig gut leiden. »Man muss nur dieses Wort hier wegdenken, dieses da nach hinten verschieben und sich ein anderes Bild dazu vorstellen, und dann sieht man doch ganz deutlich, was für ein antisemitisches Hetzblatt die *Bild* ist!«

Nein, ich verleugne nicht ihre Existenz. Aber ich habe auch schon den ein oder anderen Nichtjuden getroffen, der kein ausgeprägter Antisemit war. Und dafür den einen oder anderen jüdischen Antisemiten.

Was ich gerne wüsste: Wie entstehen Antisemiten? Wachen sie eines Morgens auf und sagen sich, »ich glaube, ich werde die Juden nicht mögen«? Wird man als Antisemit geboren? Gibt es ein Antisemiten-Gen? Tut mir leid, ich kann nichts dafür, ich kam schon so auf die Welt. Haben sie vielleicht noch nie einen Juden gesehen? Oder schlimmer noch, haben sie einen eigenen netten, kleinen Juden, der anders ist als sein ganzes Volk? »Also mein Nachbar, der Jude, der ist ganz in Ordnung! Gut, mein Portemonnaie würde ich ihm nicht zur Aufbewahrung geben, aber ansonsten ist der wirklich ganz okay. Ganz anders als all die anderen Juden! Nee, mein Jude, der ist schon ganz in Ordnung.«

> So ein bisschen, wie man seinen eigenen Türken hat, bei dem man sein Gemüse holt.

Und wovor genau haben sie Angst? Vor der Übernahme der Weltherrschaft? Ja, da sind wir ganz fleißig dabei. Wir sind sozusagen kurz davor, aber pst!, ich darf ja nicht so viel verraten.

Es wird Menschen geben, die behaupten, diese Schrift sei ein Ablenkungsversuch. Ablenkung von den wahren Tatsachen, von den jüdischen Plänen, vor der jüdischen Diktatur in der Welt. Diese Menschen haben recht. Wir haben uns nur noch nicht entschieden, wer unser Hitler sein soll.

Es wird auch Menschen geben, die behaupten, diese Schrift schaffe erst, schüre noch den Antisemitismus. Ich kann mit beidem leben.

Lieber Mischa, jeder Jude ist ein wichtiger Teil unseres Plans, ein Rädchen im jüdischen System, das funktionieren muss, sonst erreichen wir unser Endziel nie. Deshalb möchte ich, nein, erwarte ich von Dir, dass Du Dich stammesgemäß verhältst und uns keine Schande bist. Ich möchte Dich auch gerne darauf vorbereiten: Wenn Du dreizehn bist, wirst Du Bar Mizwa feiern. Du wirst Deinen Schulfreunden sagen, es sei eine Art jüdische Konfirmation, Du darfst aus der Bibel vorlesen, es gibt Party und Kuchen, Du

> Wenn wir denn Mitglieder einer netten gojoffenen Gemeinde sein werden; bei meiner Bat Mizwa stellte es ein Problem dar, meine nichtjüdischen Freunde einzuladen.

wirst Deine Freunde einladen, und sie werden abends nach Hause gehen und ihren Eltern erzählen: »Ich war heute bei der Konfirmation meines jüdischen Freundes.« Aber wenn sie nach Hause gegangen sind, werden die Weisen des Zion auf Dich zukommen, Du wirst sie an ihren Nasen erkennen und den Geldscheinen, die aus allen Taschen hängen, und Dich fragen, ob Du bereit bist, Deinem Volk zu dienen. Du wirst Ja sagen, selbstverständlich, Du bist doch mein Sohn, mein jüdischer Bubele. Zum Beweis Deiner Treue wirst Du einen christlichen Knaben (vielleicht einen Deiner Schulfreunde?) entführen müssen und ein wenig von seinem Blut trinken, das ist das eigentliche Ritual, das Deine religiöse Volljährigkeit beschließt; das Vorlesen aus der Thora, das war Show. Du wirst als Zeichen der Bindung eine Kopie der Protokolle der Weisen von Zion erhalten, unser Handbuch zur Übernahme der Weltherrschaft, auch Deine Aufgaben werden darin beschrieben sein. Wirst Du das schaffen, mein Junge? Mehr erwarte ich von Dir nicht.

> Denn hier kommt die Wahrheit: Die Beweise, die wir vorlegten, um die Protokolle als Fälschungen zu entlarven, sind, ebenso wie diese Schrift, nur ein weiteres Ablenkungsmanöver.

Wovor haben die Antisemiten Angst? Davor, dass die Juden alle wichtigen Positionen in der Welt ergattern, unrechtmäßig, versteht sich? Haben sie doch schon längst! Noch nie was von der jüdischen Lobby in den USA gehört? Die, die alle Regierungsentscheidungen eigentlich trifft? Die, die mehr Einfluss hat als die Waffenlobby beispiels-

> Wie gut die jüdische Lobby in den USA funktioniert, sieht man an dem »großen Schlepp«, den

weise, auch mehr Einfluss als die Pharmalobby oder die Immobilienlobby? Gut, die Finanzlobby erwähne ich jetzt mal nicht, denn die gehört auch den Juden. Schön, dass alles Geld den Juden gehört.

Es stimme ja auch, erklärte mir einmal ein amerikanischer Bekannter, der auf einer der Ivy-League-Universitäten studierte, den Einfluss der jüdischen Lobby habe er selbst erlebt. Seine jüdischen Freunde hatten jüdische Fürsprecher, die sich für ihre Aufnahme an der Uni einsetzten. Die jüdische Mamme hatte den Onkel angerufen, dessen jüdischer Bekannter aus dem jüdischen Golfklub auch dort studiert habe, und so weiter.

»Und du, hattest du keinen Fürsprecher?«, fragte ich.

»Doch, natürlich! Sonst kriegt man ja kaum einen Platz an der Uni! Ein Kollege meines Vaters, die kennen sich übers Business«, antwortete er.

Manchmal werde ich gefragt, ob ich antisemitische Erfahrungen gemacht habe. Meistens bin ich geneigt, »Nein!« zu rufen, einfach aus Prinzip, weil ich nicht zu den Antisemitismussuchern gehören möchte, jede Gelegenheit dazu nutze, mich von ihnen zu distanzieren. Bis mir einfällt, wie ich mit einer ehemaligen Kommilitonin in einem Café saß, wir unseren Kaffee schlürften und wir dann auf eine gemeinsame Freundin zu sprechen kamen, die sie über ihren Freund kannte und ich über jüdische Kreise. Und genau das

die jüdischen Komikerin Sarah Silverman kurz vor der Obama-Wahl organisiert hat: Alle jüdischen jungen Menschen sollten sich nach Florida »schleppen«, um ihre konservativen Großeltern dort zu überreden, für Obama zu stimmen. Und wer hat die Wahl gewonnen?

Ja, über die berühmten jüdischen Kreise, in denen die Eroberung der Weltherrschaft geplant wird. Und auch ohne zu hinterfragen.

fragte sie: »Woher kennst du sie eigentlich?«, und ich antwortete in aller Unschuld: »Über eine jüdische Studentengruppe.« Woraufhin sie aus heiterem Himmel fragte: »Da fällt mir ein, was ich dich schon lange fragen wollte: Wie groß ist eigentlich der Einfluss der Juden auf die deutsche Wirtschaft?«

Ups.

Ups. Mehr passierte in meinem Kopf nicht, nur das Ups. Weshalb ich vorsichtshalber den Kuchenteller anstarrte, der nur weiß war, keine Verzierungen, kein Goldrand, einfach ein weißer Porzellanteller. Ups.

Und dann, peinlicherweise, etwas darüber zu stammeln begann, dass der Einfluss der Juden gar nicht so groß sein könne, allein rechnerisch-mathematisch schon mal nicht, und rechnete in Prozenten aus, warum Juden sie nicht bedrohen können, sie und ihre deutsche Wirtschaft.

Ich habe nicht gefragt: »Wie kommst du drauf, hast du das in *Mein Kampf* gelesen?«

Ich habe nicht gefragt, wie groß der Anteil der Katholiken in der deutschen Wirtschaft sei.

Ich bin nicht aufgestanden und gegangen.

Ich aß den Kuchen weiter und rechnete vor: den Anteil der Juden in Deutschland, den Anteil der im Berufsleben sich befindenden Juden, den Anteil der Geisteswissenschaftler, der nicht Deutsch sprechenden russischen Juden und so weiter.

Ich versuchte, die Juden in Schutz zu nehmen. Vor einem billigen antisemitischen Klischee.

Und ab da schämte ich mich jedes Mal, wenn ich mich an mein Verhalten damals im Café erinnerte. Ab da kam ich mir ein wenig wie eine Lügnerin vor, wenn ich behauptete, es gäbe gar nicht so viele Antisemiten, wie man denkt.

Vor einiger Zeit saß ich mit jemandem bei einem Kaffee zusammen, der lange in einer jüdischen Organisation gearbeitet hatte.

»Und, bist du nicht Antisemit geworden?«, fragte ich ihn, woraus man schließen kann, dass ich von diesem Thema ebenso besessen bin wie die anderen Juden, denen ich ebendies vorwerfe.

Jüdischer Humor oder Realität?

»Doch!«, antwortete er. »Und das sage ich auch all meinen jüdischen Freunden ganz ehrlich!«

Ich hätte lachen können und sollen, wahrscheinlich. Stattdessen zahlte ich, nicht überstürzt, aber dann doch rasch, und war den ganzen Nachhauseweg irgendwie beleidigt. Warum? Verübeln konnte ich es ihm nicht, keinen einzigen Tag würde ich in einer jüdischen Organisation arbeiten wollen, niemals. Ich fragte mich, ob er mich auch hasste, ob ich für ihn auch zu den Juden gehörte, die... Ich fragte mich, ob ich vielleicht sogar seine Ausnahme war, seine Alibijüdin, ganz okay.

Wenn ich wählen würde, wäre ich jederzeit lieber eine geldgierige, krummnasige,

91

hinterlistige, verräterische Jüdin als die Ausnahme. Immer schön der jüdischen Herde hinterher.

Manchmal, zugegebenermaßen selten, hat der Antisemitismus auch gute Seiten, zumindest im jüdischen Witz: Im Jahre 1938 sitzen in der New Yorker U-Bahn zwei gerade eingewanderte deutsche Juden einander gegenüber. Der eine liest das Naziblatt *Der Stürmer*. Der andere liest die jüdische Zeitung *Aufbau* und wirft seinem Sitznachbarn immer häufiger beunruhigte Blicke zu. Endlich fragt er seinen Landsmann: »Wieso lesen Sie dieses furchtbare Blatt? Es ist nur reiner Antisemitismus, Judenhetze ist das.« Der erste Jude antwortet: »Schauen Sie. Was steht in Ihrer Zeitung? Überall sind die Juden Flüchtlinge. Man verfolgt uns. Man wirft Steine und Bomben in die Synagogen. Ich lese die Nazizeitung, denn sie stimmt mich zuversichtlich. Wir besitzen die Banken! Wir besitzen die großen Firmen! Wir beherrschen die Welt!«

Berühmte Antisemiten

Tacitus:
»Die Juden sind ein in allem ekelerregendes Volk.«

Martin Luther:
»Verbrenne ihre Synagogen, zwinge sie zur Arbeit, und gehe mit ihnen nach aller Unbarmherzigkeit um, wie Moses in der Wüste tat, der dreitausend totschlug.«

Paracelsus:
»Was jüdische Ärzte handeln und ausrichten, das nimmt ein lügenhaftig End.«

Giordano Bruno:
»Die Juden sind eine so pestilenzialische, aussätzige und gemeingefährliche Rasse, dass sie schon vor ihrer Geburt ausgerottet zu werden verdienen.«

Voltaire:
»Die Juden sind die allergrößten Lumpen, die jemals die Oberfläche der Erde besudelt haben.«

Immanuel Kant:
»Die Juden sind eine Nation von Betrügern.«

Napoleon I.:
»Ich habe alles vermieden, was den Juden Achtung bezeigen könnte.«

Johann Wolfgang von Goethe:
»Oh, du armer Christe, wie schlimm wird es dir ergehen, wenn der Jude deine schimmernden Flüglein nach und nach umsponnen haben wird.«

Arthur Schopenhauer:
»Juden sind große Meister im Lügen.«

Otto von Bismarck:
»Fassen sie nur einen Juden an, da schreit's gleich aus allen Ecken und Winkeln der Erde.«

Houston Stewart Chamberlain:
»Nicht aber der Jude allein, sondern alles, was vom jüdischen Geist ausgeht, ist ein Stoff, welcher das Beste in uns zernagt und zersetzt.«

Henry Ford:
»Man findet Juden überall gerade an den Stellen sitzen, wo es dem internationalen Judentum erwünscht ist und wo es erfahren kann, was es will.«

Charles Lindbergh:
»Die größten Gefahren durch Juden für die USA sind ihr breiter Besitz an Film, Presse und Radio und ihr Einfluss auf die Regierung.«

Josef Stalin:
»Jeder jüdische Nationalist ist ein Agent des amerikanischen Geheimdienstes.«

Richard Nixon:
»Man darf diesen Bastarden nicht vertrauen.«

»Du bist echt Jude?« Von Menschen, die Dich nur aus einem Grund lieben

Es ist vielleicht weniger gefährlich, aber um einiges anstrengender, geliebt statt gehasst zu werden. Nicht schlimmer, aber definitiv nervenaufreibender als Antisemiten sind deshalb die Philosemiten. Praktizierende Philos, nenne ich sie. Deutschland hat eine Menge davon.

Du triffst sie meist auf Veranstaltungen, die Juden eher selten besuchen, vielleicht gerade aus Angst vor einer zu großen Ansammlung von Philosemiten: Klezmerkonzerten, Vorträgen zu jüdischer Religion, Diashows über Israel, das Gelobte Land, beim öffentlichen Chanukka-Lichterzünden einer größeren deutschen Stadt. Nicht nur für Juden stellen sich die ehemalige offizielle Vorsitzende der Juden in Deutschland, der Oberbürgermeister der Stadt München und der Rabbiner der jüdischen Gemeinde vor die überdimensionale Chanukkija auf dem Münchner Jakobsplatz und zünden diese an. Die meisten Juden, die sitzen im Dezember und bei dem Wetter schön im Warmen, essen, lesen, sehen fern und streiten sich lautstark. Aber die Philosemiten, die frieren gerne, um den Juden eine Ehre zu erweisen, sich »über den schönen Leuchter« zu freuen und ihrem

Die Chanukkija sieht neun Kerzen vor, nicht sieben. Die siebenarmige Menora, die die meisten von ihnen auf dem Fensterbrett stehen haben, damit man auch von draußen sehen kann, wie judeninteressiert sie sind,

Hobby nachzugehen. Ihr Hobby sind die Juden.

Und weil man das so schlecht laut sagen kann: »Mein Hobby sind die Juden«, obwohl man doch so viel Zeit auf all diesen jüdischen Veranstaltungen ohne nennenswerten Judenanteil verbringt, versuchen sie, es zu zeigen. Indem sie Menoras kaufen und Kippas, Bücher über den Holocaust, die viel Geschichtsträchtigkeit und wenig Humor in sich tragen, denn über die Juden macht man keine Witze, man lacht auch nicht über sie. Manchmal kommt es mir vor, als seien jüdische Kulturtage vor allen Dingen dazu da, dass Philosemiten mal echte Juden sehen können. »Sieh da, sieh da! Ein echter Jude sitzt da vorne!«, flüstert der Religionslehrer seiner Frau zu, die auch mal auf Lehramt studiert hat, aber sich nun um die Kinder kümmert und in ihrer Freizeit in der jüdisch-christlichen Gesellschaft aktiv ist. Da sieht man auch echte Juden.

Praktizierende Philos haben meist graue Haare, das trifft sowohl für Männer als auch für Frauen zu. Man trägt sie lang und grau, während man die *Jüdische Allgemeine* liest, während man Leserbriefe für diese formuliert, es sich am Freitagabend bequem im Sessel macht, um die Radiosendung *Shabbat Shalom* zu hören – eine Sendung, von deren Existenz mir ein Philosemit mit langen Haaren und einer schwarzen Kippa erzählte, ein Hippie, der lieber ein Jude gewesen wäre.

besitzen nur wenige gläubige Juden. Sie ist ein Symbol, auch auf dem Staatswappen Israels zu sehen, im jüdischen Alltag aber nicht gebräuchlich.

Kippas, die sie beim öffentlichen Lichterzünden auch noch zu tragen wagen.

Kommentar von Deinem Vater: Nun würden aber die Philosemiten mich belehren, die richtige Mehrzahl von Kippa sei Kippot.

Kommentar zum Kommentar Deines Vaters: Nun schreibe ich das aber nicht für Philosemiten und verwende deshalb den deutschen Plural.

Ich möchte ungern so klischeehaft schreiben. Aber ich fühle mich der Wahrheit verpflichtet.

> »Sieh da, sieh da, ein Philosemit«, will ich jemandem zuflüstern, denn auch ich bringe nicht minder viele Vorurteile mit, aber im schlimmsten Fall sitze ich gerade auf der Bühne, das Tier im Käfig, die Jüdin per se.

Es war auf einer Tagung in Schwaben, wo bedeutende Fragen diskutiert wurden, wie die, ob ein jüdisches Museum für Juden anders aussieht als eines für Nichtjuden und was für einen Unterschied es mache, ob ein solches Museum von Juden oder von Nichtjuden gestaltet werden solle. Es diskutierten: Nichtjuden. Es waren zwei Juden anwesend, wie immer bei derartigen Tagungen, wir waren beide eingeladen und konnten wirklich nichts dafür, anwesend zu sein. Der andere Jude löste Sudokus und las die *Süddeutsche Zeitung* von vorne nach hinten und wieder zurück. Ich war das Abendprogramm: eine Jüdin, die den Nichtjuden etwas vorlesen sollte. Es hätte, so glaube ich, auch das Telefonbuch sein dürfen, alles, außer vielleicht *Mein Kampf.*

Ich wusste nicht, ob ich weinen oder lachen sollte, deshalb schrieb ich besser mit. Zitate wie das folgende: »Es ist so schade, dass man in jüdischen Museen das jüdische Leben nicht miterleben kann. Chanukka muss man doch miterleben können in einer jüdischen Familie! Das wäre doch so schön!« Ich begann zu rechnen: Es leben derzeit rund 200 000 Juden in Deutschland, von denen wiederum rund 180 000 aus den Ländern der ehemaligen Sowjetunion stammen und also aufgrund ihrer Vergangenheit auch kaum eine Ahnung davon haben, was Chanukka genau ist. Zieht man dann von den übrigen die geschätzten Nichtreligiö-

> Sie betonte das Wort auf dem »u«, und mir drehte sich der Magen um.

sen ab, dann kommt man auf wie viele? Auf etwa 2000 orthodoxe Juden in Deutschland? Achtzig Millionen Deutsche, davon wie viele Philosemiten? Es stellt sich nämlich die mathematische Frage, wie oft ein orthodoxer Jude Philosemiten zu sich nach Hause zu einem Chanukka-Fest einladen muss, damit die sich alle freuen können.

Ich konnte mich jedenfalls den ganzen Tag lang nicht entscheiden, ob mein Lieblingsmoment der war, als ein begnadeter Moderator, der vorgefertigte, unverständliche, weil seitenlange Fragen vorlas und dann von seinen eigenen Erfahrungen »mit den jüdischen Mitbürgern« erzählte, wie dieser Moderator sich wünschte, es möge jeder geächtet und aus dem Bildungsbürgertum ausgeschlossen werden, der nicht weiß, was eine Mikwe ist.

Oder der Moment, als eine katholische Trachtenpflegerin (in einer Tracht, mit einem CSU-Mitgliedsausweis in der Tasche) sich lauthals darüber empörte, wie es die Veranstalter wagen könnten, eine Tagung zu diesem Thema an einem Freitag zu organisieren, da würde man ja zu spät zum Schabbatbeginn nach Hause kommen. Sie reiste nach dieser Rede auch pünktlich ab; um das Kerzenzünden nicht zu verpassen?

Der einzige anwesende Jude und ich, wir blieben noch, wir fuhren dann gegen elf Uhr abends an diesem Schabbat, nach dem Ende der Tagung, erst mit dem Taxi

Und tschüss, ihr vielen Juden, die nur eine sehr entfernte Ahnung haben wie auch ich: Es hat mit Baden, mit Frauen und ihrer Menstruation, mit Unreinheit zu tun, und gerne sprechen wir Juden nicht darüber (über das Baden, die Frauen, die Menstruation, die Unreinheit und die Mikwe).

CSU: Nein, das ist kein Vorurteil, das habe ich recherchiert. Und wer ist man? Sie selbst?

zum Bahnhof und dann mit dem Zug nach Hause.

Fast alle Anwesenden beklagen immer wieder, dass sich so wenige Menschen für das Judentum interessieren. Wirklich traurig, das. Wo es doch so ein spannendes Thema ist. Ich überlege, ihnen die Gründung einer Selbsthilfegruppe zu empfehlen. »Guten Tag, mein Name ist Jörg Meyer, ich bin Religionslehrer von Beruf und Vorstand in der deutsch-israelischen Gesellschaft. Ich nehme mir gerne die Zeit für diese doch zeitaufwendige ehrenamtliche Arbeit, denn ich finde die Juden sehr interessant. Auch ihre Heimat, das Land Israel, fasziniert mich seit Jahren. Und ich möchte den Augenblick hier nutzen, um ganz deutlich zu sagen, dass es mich sehr traurig stimmt, ja, geradezu verzweifelt macht, dass sich so viele Leute nicht für das Judentum interessieren, so wie ich, der ich die Juden ja liebe.«

Ich überlegte außerdem, was passieren würde, wenn ich auf die Bühne gehen würde und, anstatt zu lesen, einfach nur sagen würde: »Guten Tag! Ich bin Jüdin. Betrachten Sie mich bitte, solange Sie möchten.« Ob das ausreichen würde? Schön wäre es, einen gelben Judenstern dazu zu tragen, das fänden die wahrscheinlich nicht witzig. Aber ich bin ja, wie gesagt, eher ein Feigling.

Dein Vater findet diesen Vorschlag übrigens zu krass. Ist sich aber dessen bewusst, dass er vielleicht zu empfindlich ist. – Und daran sieht man, wie groß die

Und deshalb sagte ich nichts, sondern las vor und fragte mich, warum. Warum lieben diese Menschen Juden so sehr? Ist es, weil diese Liebe ihnen hilft, die deutsche Vergangenheit zu bewältigen? Macht das Engagement in jüdisch-christlichen und jüdisch-deutschen Vereinen und Gesellschaften und sonstigen Institutionen dieser Art das Verhalten ihrer Eltern oder Großeltern wieder wett? Werden die Juden, die der Vater tötete, durch das Verhalten des Sohnes etwas weniger tot?

Ich treffe Philosemiten meist auf Lesungen, denn privat umgebe ich mich mit ihnen nicht. Die Lesungen müssen etwas »Jüdisches« im Namen tragen, »jüdische Kulturtage«, »Fest der jüdischen Kultur« und so weiter, damit Philosemiten kommen. Vorgeblich besuchen sie eine Lesung, der eigentliche Grund dieses Kulturinteresses ist aber die Suche nach der Katharsis.

Eine Stadt in Nordrhein-Westfalen, Lesung Nr. 5 oder Nr. 26, jüdische Kulturtage Nr. 1329, ich lese vor. Ich lese vor und schreibe vor allem in der Hoffnung, die Leser zu erfreuen. Wenn ich es gut gemacht habe, dann habe ich etwas in ihnen bewegt, sie zum Nachdenken oder Hinterfragen oder Wütendsein oder Entrüstetsein oder vielleicht sogar zum Lachen gebracht. Jemanden zum Lachen zu bringen bei jüdischen Kulturtagen ist schwer, denn ob man da lachen darf, das weiß man nun wirklich nicht, wahrscheinlich eher nicht. Nein, das sollte man eher nicht!

Manch einer schmunzelt ab und zu, ganz vorsichtig, immer mit einem Blick zum Nach-

Meinungsvielfalt und das Empfindlichkeitsbewusstsein selbst innerhalb einer jüdischen Familie sind. Und die meisten Juden fänden diese Art von Humor wahrscheinlich auch nicht witzig. Was soll ich sagen, ich habe einen eigenartigen Humor.

Kommentar zum Kommentar: Oder gar keinen, würde vielleicht der eine oder andere sagen.

Kommentar zum Kommentar zum Kommentar: Selbst meine Mutter, also Deine Großmutter, ist der Meinung, dass ich nicht komisch bin, sondern Grenzen überschreite.

barn. »Darf ich das?« Ich warte darauf, dass sich einer meldet, mich unterbricht: »Entschuldigen Sie, darf ich an dieser Stelle lachen? Ich bin Deutscher.«

Einmal, bei einer Lesung im Goethe-Institut in Jerusalem, der heiligen Stadt der Philosemiten, stand eine große blonde Frau auf, nachdem sie geduldig, aber entrüstet, eine halbe Stunde lang den Kopf geschüttelt hatte, und unterbrach mich: »Ich muss jetzt endlich mal eingreifen! So etwas darf man nicht! Man darf nicht über Juden lachen! Wissen Sie denn nichts von der Geschichte? Haben sie nicht schon genug gelitten? Ich möchte es ihnen ersparen!« Um dies zu unterstreichen, stand auch ihr großer blonder Ehemann auf, sie trugen beide regenfeste Wanderbekleidung, denn sie lebten in einem Kibbuz, erzählten sie später, dabei regnet es in Israel ja so gut wie nie. Bevor ich antworten konnte, Schreck und Erstaunen und unterdrückter Lachanfall hielten mich noch ab, stand eine sehr alte, sehr nette Dame auf, die ich schon die ganze Zeit im Blick gehabt hatte, sie sah meiner jüdischen Tante in New York verblüffend ähnlich und blaffte die überzeugte Kibbuznikerin im schönsten Norddeutsch an: »Also ich bin Jüdin und Holocaust-Überlebende und habe gerade sehr schön gelacht. Sie haben mich unterbrochen! Setzen Sie sich bitte wieder hin!«

Jerusalem – eine Stadt in Nordrhein-Westfalen, back to the story. Ich las also vor, und

> Und erst in zweiter Linie der Juden, Moslems und Christen.

> Sie erzählten es mir, weil sie mir nahelegten, ebenfalls in ein Kibbuz zu ziehen, um dieses Land zu unterstützen, denn: »Israel braucht Sie!«

> Kommentar zum Kommentar: Israel hat sich bislang nicht näher dazu geäußert. Jedes Mal, wenn ich einreise, hoffe ich, vom Mossad beiseitegenommen zu werden, weil ich hoffe, der Mossad würde mich anwerben. Bislang ist es noch nicht so weit.

> Kann ich meine Unart abzuschweifen

vorsichtshalber lachte man gar nicht oder ja nicht zu laut, wenn es nun mal nicht anders ging. Ich las zu Ende, so gut, wenn Lesungen vorbeigehen, bei denen man nicht weiß, ob man lachen darf. Das heißt, ich weiß es schon, aber ich verrate es keinem. Es kam die Fragerunde, das Übliche:

1. Fühlen Sie sich sehr jüdisch?
2. Halten Sie die religiösen Feiertage ein, den Schabbat zum Beispiel? Der ist so schön! Das habe ich einmal auf einer meiner Israelreisen erlebt, da war ich ...
3. Spüren Sie viel Antisemitismus, hier bei uns in Deutschland?
4. Möchten Sie gerne in Israel, in Ihrer Heimat, leben?

Und 5. meine Lieblingsfrage: Wenn Sie mal ein Kind haben, werden Sie es beschneiden lassen? Das ist ein so schöner jüdischer Brauch.

Nach der Frage signierte ich und hörte mir währenddessen weitere Geschichten über weitere Reisen nach Israel samt weiteren Besichtigungen weiterer Steine an – die häufig mit Empfehlungen einhergingen (»Sie waren da noch nicht? Das müssen Sie gesehen haben!«). Da kamen drei Frauen, drei Freundinnen, auf mich zu, mittleres Alter, graue Haare, Ehemänner zu Hause gelassen, die mussten sich ausnahmsweise selbst was zu essen machen. Ob sie mir Rückmeldung geben dürften. Aber klar doch, jederzeit. Es sei alles sehr amüsant gewesen, sogar ein biss-

und – meist recht unelegant, siehe diese Stelle – zu den Ursprungsthemen zurückzukehren, als »jüdisch« verkaufen, oder ist es einfach nur eine Unart von mir?

Kann man sich auch ein bisschen jüdisch fühlen? Oder halb? Oder zu 44,7 %?

Nur, wenn man »bei uns in Deutschland« zu mir sagt. Alles, nur das nicht, bitte.

Diese Frage erübrigt jeden Kommentar.

Das Wort »Feedback« kannten sie wohl noch nicht.

chen lachen mussten sie ein paar Mal, wenn auch nur ein paar Mal. Es sei nur so, dass sie eigentlich die jüdischen Kulturtage jedes Jahr besuchen, um betroffen zu sein. Und das sei dieses Jahr nicht richtig gelungen, leider, aufgrund meines Buches, aufgrund des Lachens, nun müssten sie wohl in den nächsten Tagen noch eine weitere Veranstaltung in diesem Rahmen aufsuchen.

Das tut mir natürlich sehr, sehr leid.

Noch mehr tut mir leid, dass ich nun nicht mehr nur ein Tier im Zoo für Nichtjuden bin, sondern auch für deren Katharsis verantwortlich. Keine kleine Aufgabe ist das. Ich fürchte, dass ich sie nicht erfüllen kann. Leider.

»Ich habe heute etwas Wiedergutmachung geleistet, ich habe einen Juden gesehen.«

»Ach, wie schön!«

> Warum tust Du das?

Das Kind, das Du immer am Ohr ziehst, mein kleiner Mischa, das Kind mit dem sehr jüdischen Namen und den sehr unjüdischen Eltern, hat schon zahlreiche proisraelische Demonstrationen besucht.

»Lena, ich bin jetzt übrigens im Verein der Israelfreunde sehr aktiv!«, erzählt mir seine Mutter aus heiterem Himmel, während wir eigentlich über Spaghettisoßen-Zubereitungsarten, nervige Kleinkinder und das schlechte Sommerwetter sprechen, als sollte es für mich von Bedeutung sein.

> Nicht über Dich, natürlich.

Ist es aber nicht. Interessiert mich nicht das geringste bisschen, und wenn irgendwie, dann berührt es mich so unangenehm, dass ich gehen möchte. Wenn sie wollen, dann sollen sie, aber was habe ich damit zu tun? Ich kann Freundeskreise per se nicht leiden. Entweder man ist befreundet, oder man braucht eine Organisation.

Aber dann sagt ihr Freund, der Vater des Kindes, an dessen Ohr Du immer ziehst: »Und wie gut, dass wir keine Philosemiten sind!« Und an dieser Stelle muss ich dann tatsächlich plötzlich gehen, und genau für solche Momente haben wir Blacky und Dich, denn jetzt kann ich sagen: »Mischa muss ins Bett« oder »Blacky muss jetzt raus«, oder eben andersherum.

Und auf dem Rückweg im Kopf der Gedanke: Wollen die mit uns nur befreundet sein, weil wir Juden sind? Ein unschöner Gedanke ist das.

Manchmal muss ich zum Thema Judentum diskutieren, zum Thema neues Judentum und altes Judentum und Judentum in Deutschland und Judentum in Russland und Judentum als Kultur, als Religion, als was auch immer, wo auch immer und wie auch immer. Zuletzt im Rundfunk.

Es war eine so genannte Call-in-Sendung, und nachdem ich mich bereit erklärt hatte, mit einem blinden muslimischen Deutsch-Iraner Freundschaft zu halten, weil so eine muslimisch-iranisch-deutsch-jüdisch-russische Freundschaft doch eine schöne Sache sei, rief eine nette, gebildete Dame mittleren Alters aus dem schönen Freiburg an, die

Dein Vater würde sagen »ja«, Dein Vater hat auch mal einen Mitbewohner gehabt, der seinen Freunden gerne erzählte, dass er mit einem Juden zusammenwohnt.

Kommentar zum Kommentar: Und in diesem Zusammenhang die Frage: Wenn man Jude ist, ist man dann weniger Mensch?

sich hauptberuflich um Kinder und Haushalt kümmerte.

(Diese Informationen entnehme ich nicht meiner Fantasie, sondern der Tatsache, dass sie

1. tagsüber Rundfunk hörte,
2. mehrmals ihre Kinder in der Schule erwähnte,
3. an einem Vormittag die Zeit hatte, in einer Radiosendung anzurufen, um ihre Meinung zu einem Thema zu äußern, mit dem sie sich nach eigener Aussage nicht auskannte.)

Die nette Dame aus Freiburg warf der Leiterin der jüdischen Oberschule in Berlin vor – die ebenfalls eingeladen war, über das neue Judentum im neuen Deutschland zu diskutieren –, die jüdischen Schüler von der Außenwelt abzukapseln, genauer noch, sie der Außenwelt vorzuenthalten.

Wie vorenthalten?, wollte ich dann wissen. In allen Integrationsdebatten hatte ich diese Wortwahl noch nie gehört.

Vorenthalten eben, erklärte sie. Sie habe schon immer geschaut, ob sie nicht jüdische Kinder findet, um sie ihren Kindern zu zeigen, damit sie mal zusammen spielen können. Und damit ihre Kinder mal sehen, dass die jüdischen Kinder »ganz normale Menschen« sind, um »Geschichte lebendig zu machen«. Auch um dafür zu sorgen, dass ihre Kinder »keine rechtsradikalen Tendenzen übernehmen«.

Wo genau schaut man da? Im Telefonbuch? Im Internet, unter www.juedische-kinder.de?

Gerade heute bin ich sehr froh, dass Du ein normaler Mensch mit zwei Augen bist, denn ich musste Dir Augentropfen

Lieber Mischa, ich wünsche mir also nun, nach dem Gespräch mit dieser Frau, dass Du öfter mit deutschen Kindern spielst, damit sie keine Nazis werden!

Das sagte ich dieser Frau auch, um Dir solches zu ersparen: »Schlagen Sie tatsächlich vor, dass ich mein Kind nur deshalb mit Ihren Kindern spielen lassen soll, damit Ihre Kinder keine Nazis werden?« Was sie entrüstete. Das hätte ich nun wirklich in den falschen Hals bekommen. Das war ja so nun wirklich nicht gemeint. Und überhaupt. Und legte auf.

Und dachte sich wahrscheinlich: »So ganz normal sind die Juden eben doch nicht.« Und bereitete den Schweinebraten zu, bald kommen die Kinder ja aus der Schule heim. Amen.

Ich habe eine Idee. Es ist eine Konzeptidee, die ich gerne für viel Geld an jedes Jüdische Museum verkaufe, das sie nimmt. Meine Konzeptidee würde die aufwendige Suche nach seltenen Objekten und lang verlorenen Ausstellungsstücken ersparen. Sie würde die meisten Besucher hoch zufriedenstellen. Sie würde auch die Juden glücklich machen, denn viele Philosemiten wären so glücklich darüber, dass sie vielleicht in Zukunft weniger Juden suchen müssten. Sie ist so simpel wie schön.

Ich würde einen Käfig oder ein Glashaus ins Museum stellen. Und hinein: einen jüdischen Jungen, einen Bubele namens Schlomo, beschnitten, versteht sich. Er müsste Schlä-

geben, die Du hasst; zwei Augen waren schon anstrengend, bei vier hätte ich versagt.

»Schau, lieber Hans, jetzt hast du gesehen, der Schlomo ist ein ganz normaler Mensch, jetzt wirst du doch nicht rechtsradikal, nicht wahr? Gut gemacht, Hansi! Und jetzt gibt's Schweinebraten!«

Denn ich bin Jüdin.

fenlocken tragen und ein Käppchen, man könnte Bücher mit hebräischer Schrift um ihn herum verteilen, möglichst alt aussehend, wenn es geht. Ansonsten aber dürfte er machen, was er will: spielen, lesen, essen, alles außer Schweinefleisch, versteht sich, schlafen. Seinen Alltag eben. Ein kleiner jüdischer Junge zum Anschauen. Wäre das nicht schön?

Und keine Angst, Dich gebe ich dafür nicht her, auch wenn das von der bayerischen Hausfrauenförderungspolitik verursachte Krippenproblem damit sicherlich gelöst wäre.

Und: Es geht noch schlimmer!

Die Steigerung von Philosemit ist Konvertit.

Ich frage mich: Warum? Was? Was genau geht in den Köpfen dieser Menschen vor? Haben sie keine Hobbys, kein Privatleben? Sind sie auf der Suche nach Problemen? Haben sie wirklich nichts, gar nichts gefunden, womit sie sich beschäftigen können?

Lieber Mischa, Du sollst in einem frei denkenden Haus ohne Vorurteile aufwachsen. Du darfst sogar Investmentbanker werden, wenn Du willst. (Aber besser nicht.) Du darfst Buddhist werden oder tagelang Yogaverrenkungen ausführen, und ich werde Dir Deinen Ayurvedatee dazu kochen, und ich werde mit Dir zu Fußballspielen gehen, auch wenn ich die Jugendlichen in den Vereinsjacken mit den Sporttaschen über der Schulter, die man auf der Straße so sieht, eher befremdlich finde. Aber du musst ja auch kein Intellektueller werden, wirklich nicht. Du sollst in einem Haus aufwachsen, in dem alles möglich ist, alle willkommen sind, sogar die Zeugen Jehovas und Staubsaugervertreter, denn wir sind offen und vorurteilsfrei.

Nur die Konvertiten, die kann ich leider wirklich nicht leiden.

> Und hier ruft Dein Vater: Bitte nicht! Bitte nicht! Denn da stimme ich ausnahmsweise mit Deinem Vater überein.

Und bin mir dessen bewusst (und schäme mich dessen sehr), dass ich hiermit eine große Sünde begehen, denn ein Jude hat einen Konvertiten als Juden anzusehen, so G"tt zu den Juden.

Zu Besuch in einem Konvertitenkopf: »Heute fühle ich mich ein wenig komisch. Was habe ich denn nur? Eine Erkältung ist es nicht. Getrunken habe ich gestern eigentlich auch nicht, denn ich trinke ja nie. Ist es die Einsamkeit, die mich heute plagt? Ist mir ein wenig langweilig vielleicht? Nein, ich weiß nun, was es ist. Ich fühle mich heute jüdisch! Ich muss dann wohl ein Jude sein!«

Oder auch: »So sehr haben sie gelitten, die Juden. So sehr. KZ und so. Eine schlimme Sache. Vernichtungslager und Zwangsarbeit, darüber habe ich letztens was gelesen, auch schlimm. Sechs Millionen von ihnen wurden von den Deutschen umgebracht. Eine schlimme Sache das.«

Und dann langsam die Einsicht: »Ups, ich bin ja auch Deutscher. Schlimme Sache das. Da bin ich ja auch irgendwie schuld, obwohl ich damals ja gar nicht auf der Welt war. Aber deutsch bleibt deutsch. Leider.«

Und dann nach einer weiteren Denkpause: »Außer natürlich, ich werde ein Jude!«

Und dann, viel fröhlicher: »Ja, ich werde ein Jude!«

Oder Szenarium Nummer drei: »Schon wieder mit niemandem geredet auf der Party. Niemand interessiert sich für mich. Aber ich

> Und G"tt mag es bekanntermaßen nicht, wenn man nicht auf ihn hört. Unserer – also der aller Menschen – erst recht.

> Denn in meiner vorurteilsvollen Welt sind die Konvertiten nicht die Schnellsten der Welt.

habe ja auch nichts zu erzählen. Was soll ich schon erzählen? Ich muss mir was Interessantes überlegen. Ein Hobby vielleicht. Fallschirmspringen wäre gut, aber ich habe ja Höhenangst. Oder gut wäre, wenn ich in meiner Biografie ein paar interessantere Punkte als Schule, Studium, Arbeit hätte. Aber leider komme ich ja aus einem westfälischen Dorf, in dem noch nie etwas Spannendes passiert ist. Wenn ich zum Beispiel Brasilianer wäre, das wäre doch gut. Dann könnte ich von Rio erzählen, vom Regenwald, von Fußball. Kann ich aber nicht werden, leider. Könnte ich was Ähnliches werden? Jude vielleicht? Ich meine mich zu erinnern, dass wir im Religionsunterricht gelernt haben, dass man dem Judentum beitreten kann. Das wäre doch schön! Das würde ich dann auf Partys erzählen, dann würden die Leute auch mit mir reden! Da muss ich mich dringend mal erkundigen, was man dafür tun muss!«

Sind das zu viele Vorurteile in meinem Kopf?

Denken die Konvertiten vielleicht *gar nicht*?

Aber was geht dann in ihren Köpfen vor?

Vielleicht ist es ja nur der Trend. Vielleicht ist es heutzutage trendy und cool und schick und abgefahren, Jude zu sein. So wie Bagels eben trendy sind, immerhin jüdisches Essen, und auch israelische DJs in Berlin. Google bietet mir außerdem in einer Anzeige an, nach möglichen jüdischen Vorfahren zu forschen: »Haben Sie jüdische Vorfahren?« Es

Bis Du so alt bist, dieses Buch zu lesen, gibt es natürlich ganz andere Begrifflichkeiten dafür, und die hier klingen ähnlich modern in Deinen Ohren wie »dufte« in meinen. – Und dieser Gedanke lässt mich alt, alt, alt fühlen!

III

gibt wohl Interessenten genug, wenn es sich lohnt, diese Anzeige zu schalten.

Aber so gut können Bagels doch gar nicht schmecken, dass man Jude sein möchte, oder? Oder wissen sie einfach nicht, was das bedeutet? Es ist doch so: Die meisten Juden sind nicht gerne Juden, die meisten Juden können andere Juden nicht leiden, die meisten Juden mögen auch sich selbst nicht und am wenigsten die Menschen, die Juden werden möchten.

> Ich bin übrigens nicht diejenige, die Juden mit Israelis und Israelis mit Juden verwechselt, sondern diejenigen tun dies, die sie trendy finden. Ich mag weder Bagels noch israelische DJs.
>
> Kommentar zum Kommentar: Man könnte auch »gleichsetzen« statt »verwechseln« sagen.
>
> Und jetzt mal zwischendurch: berühmte Konvertiten: Marilyn Monroe, Elizabeth Taylor, Ivanka Trump, Sammy Davis jr.

Konvertiten erkennt man immer sofort, meistens daran, dass sie meinen, die besseren Juden zu sein. Sie haben es schließlich gelernt, das Judentum. Buch für Buch, Satz für Satz, Regel für Regel. Den Multiple-Choice-Test, durch den die meisten Juden dieser Welt mit Karacho durchrasseln würden, haben sie bestanden. Sie haben sich das Judentum hart erarbeitet, während die meisten Juden es umsonst bekommen haben, obwohl sie es nicht wollten.

> Beispielfrage.

Wie viel Zeit muss vergehen, bis man Milch nach Fleisch essen darf? (Bitte orthodoxe Antwort ankreuzen).

1. Wieso Zeit? Das Fleisch schmeckt doch am besten in einer Sahnesoße.

> Die Antwort der Orthodoxen.

2. Sechs Stunden
3. Drei Stunden

> Die Antwort der Liberalen sowie der lernfaulen Konvertiten – der Übertritts-

4. Wer hat schon die Zeit, um die Zeit zu zählen? Und was ist überhaupt Zeit?

Weshalb sie sich unentwegt dazu berufen fühlen, den Juden das Judentum zu erklären.

»Wenn Chanukka auf einen Schabbat fällt, ist es wichtig, dass wir erst die Chanukkalichter und dann die Schabbatlichter anzünden. Das tun wir nämlich genau achtzehn Minuten vor Sonnenuntergang.« Nur, dass die meisten Juden es gar nicht tun. Weder achtzehn noch achtzig Minuten davor.

Und wenn man ihnen dann mit einem besorgten Lächeln antwortet: »Sicher, dass es achtzehn Minuten sind? Ich dachte, es seien siebzehn gewesen«, zitieren sie, ohne nachzudenken, die Stelle im Talmud oder in der Thora oder in der Mischna oder in sonst irgendeiner jüdischen Schrift, in der das festgehalten ist.

Den Witz haben sie nicht verstanden, denn jüdischen Humor – den Kern, den USP des Judentums – kann man nicht in Multiple-Choice-Fragen testen und auch sonst nicht lernen. Man kann die Gabe besitzen, ihn zu verstehen und ihn zu lieben – aber wer die hat, tritt zum Judentum natürlich nicht über.

Und gerne würde ich auf solche religiösen Belehrungen einfach antworten: »Ich habe es nicht nötig, das zu wissen; ich habe es auch nicht nötig, Kerzen anzuzünden, in welcher Reihenfolge auch immer, denn ich bin Jüdin, und muss das niemandem beweisen.«

Aber das verkneife ich mir, natürlich.

Das Judentum ist eine menschenfreundliche, weil keine missionarische Religion.

prozess bei einem liberalen Rabbiner ist weitaus einfacher als der bei einem orthodoxen.

Die Tatsache, dass sie Schabbat sagen, vermittelt ihnen ein Gefühl der Dazugehörigkeit, setzt sie von den nichtjüdischen Freunden ab. »Wir Juden sagen übrigens Schabbat, nicht Sabbat«, können sie diesen erklären, wenn sie stolz von ihrem Besuch in der Synagoge berichten.

Kommentar zum Kommentar: Nur, dass wir Juden meist Schabbes sagen, auf Jiddisch, und die Art, wie man es in dieser Sprache ausspricht, die hat man entweder von den Großeltern gelernt oder gar nicht.

Als echte Jüdin weiß ich natürlich weder, dass es achtzehn Minuten vor Sonnenuntergang sein müssen, noch, wo das geschrieben sein sollte oder könnte.

Wir wollen niemanden haben, sind aus Funk und Fernsehen bekannt dafür, Menschen, die interessiert an uns sind, unfreundlich abzuweisen. Wir sind nicht auf der Suche nach verlorenen Schäfchen. Leute, die sagen: »Ich möchte so wahnsinnig gerne ein Jude sein!«, sind uns im besten Falle suspekt, am liebsten jedoch würden wir sie in die Klapsmühle stecken, und so verübeln selbst die Säkulärsten und Religionsfeindlichsten unter uns es keinem unserer Rabbiner, wenn der erst einmal sagt: »Vielen Dank, kein Bedarf an neuen Juden.« Dies kann als unangebrachte, unhöfliche Ablehnung verstanden werden, ist aber unsere freundlichste Geste. Niemandem wollen wir das Judentum antun. Nie würde ein Jude auf die Idee kommen, selbst den aufwendigen Aufnahmeprozess mitzumachen, den Unterricht zu besuchen, Regeln auswendig zu lernen, Prüfungen auf sich zu nehmen.

Nun machen es sich natürlich auch nicht alle Konvertiten so schwer. Wem der übliche Konversionsprozess zu aufwendig ist, der konvertiert übers Internet, so wie man heutzutage übers Internet auch einkauft, den zukünftigen Partner kennenlernt und mit Freunden kommuniziert. In einer jüdischen Internetgemeinde kann man sich beim absolut glaubwürdigen und religiös seriösen Rabbi Celso Cukierkorn die wichtigsten »Do's« und »Dont's« des Judentums aneignen, um sich dann – romantischer- und passenderweise –

> Genauer genommen aus *Sex and the City*, wo Charlotte, die Harry zuliebe zum Judentum konvertieren will, mehrmals vom Rabbiner abgewiesen wird.

> »Sinnlosen« ist das erste Adjektiv, das mir in diesem Zusammenhang eingefallen ist.

> www.convertingtojudaism.com.

auf dem Obersalzberg im Hotelpool des Fünf-Sterne-Intercontinental-Hotels, direkt unterhalb des ehemaligen Feriendomizils des großen Judenbewunderers Adolf Hitler, zum Juden »tauchen« zu lassen. Für die Herren ist noch nicht einmal eine Beschneidung notwendig, und so geht die Verwandlung ganz schnell: Die zukünftigen Juden tauchen als Gojim ein, tauchen wieder als Fastjuden auf, sprechen dem am Beckenrand sitzenden Rabbiner ein paar Gebete nach und verlassen das Schwimmbecken als Mitglieder des auserwählten Volkes. Einfach, schmerzlos, schnell. Und das in so einer schönen Landschaft!

> Traditionellerweise ist ja für den Übertritt ein Besuch in der Mikwe, im rituellen Bad, vorgesehen, aber manchmal tut es eben auch ein Hotelpool, den man verständlicherweise in Badehose bzw. Badeanzug betritt. – Denn die Juden an sich sind ja sehr reich, da kommt ein billigeres Hotel nicht infrage.

Konvertiten erkennt man auch daran, dass sie sich nach den jüdischen Regeln richten, weil man sich nach Regeln zu richten hat. Wir richten uns aber selbst, wenn wir uns nach den Regeln richten, nicht nur nach den Regeln. Wir streiten uns darum, nach wessen und welchen Regeln wir uns richten (könnten), denn Streit und Debatte sind die Basis, auf der das Judentum steht. Wer nicht streiten, sondern lächeln will, ist fehl am Platz.

> Also orthodoxere Juden als ich.

Denn nicht zuletzt erkennt man Konvertiten an ihrem Lächeln. Es ist ein so angestrengt strahlendes, verblendet verbissenes Lächeln, als seien die Lächelnden nicht von dieser Welt. Es sagt: »Ich bin angekommen, hier in meinem jüdischen Kreis«, während sie an Simchat Tora tanzen oder einfach nur am Schabbatgottesdienst teilnehmen, nur dass

> Über Witze mit jüdischem Humor.

> Bei Jesus.

> Muslimische Konvertiten sind übrigens nicht besser. Einmal besuchte ich eine islamische Grundschule, wo die Mitglieder des Elternbeirats – allesamt engagierte deutsche Muslimas – sich darüber aufregten, dass die türkischen und arabischen Eltern ihre Kinder Geburtstage feiern lassen würden, wo es die im Islam doch eigentlich gar nicht gibt!

die Juden um sie herum eher nicht lächeln, sondern im besten Falle lachen und sich realistischerweise dann doch über etwas aufregen, was ihrer Ansicht nach gerade falsch läuft, oder sich streiten über die Frage, was falsch laufen könnte, falls ... oder einfach nur in Gedanken woanders sind. Das Lächeln der Konvertiten tut mir weh. Es leuchtet mir zu sehr, es schwebt zu weit oben, es überstrahlt so sehr unsere jüdische Melancholie, dass ich davonlaufen möchte.

Das ist nicht böse gemeint, das ist mein Gefühl. Sie dürfen ihrem verträumt-seligen Lächeln frönen und ich meinem spontandringenden Weglaufbedürfnis.

Konvertiten sind meiner Ansicht nach Überjuden, so wie es auch Übermütter gibt. Meist sind es die spätgebärenden Mütter, die in ihrem Mütterdasein aufgehen. Die ähnlich selig strahlen angesichts einer vollen Windel so wie Überjuden angesichts eines Kerzenleuchters. Die Kerze leuchtet, na und? Das tut sie unabhängig von der Religion. Übermütter sagen Dinge wie »ein Kind muss« und »ein Kind braucht«, und meist folgen dem so gewichtige Begriffe wie »Bindung« oder »Liebe«, und auch die Mutter selbst kommt in diesen Sätzen so gut wie immer vor. Und dann schauen sie mein Kind, also Dich, mitleidsvoll an und drücken das ihre noch ein bisschen fester an sich, und ich habe Angst, dass sie das Jugendamt anrufen, dabei scheinst Du ein glückliches Kind.

Einmal besuchte uns eine Übermutter, da warst Du sechs Wochen alt und das Kind der Übermutter acht, sie war eine ehemalige Kommilitonin, im Studium hatten wir nicht viel miteinander zu tun gehabt, denn sie sah mich immer ein wenig an wie eine beängstigende Krankheit und ich sie wahrscheinlich ebenfalls. Jetzt kam sie vorbei, weil sie meinte, dass Ihr Kinder uns nun verbinden könntet, sie schien nun so sehr bestrebt, eine Mutter zu sein, wie sie auch im Studium emsig war – als würde es gleich Noten regnen für das Mütterdasein. Beim Windelnwechseln lachte sie und freute sich und strahlte und sang »Ja, jetzt hast du eine volle Windel, mein Schatz«, und es stank aus dem Kinderzimmer ins Wohnzimmer, und sogar der Hund floh vor diesem Gestank. Später schaukelte sie ihr Kind im sogenannten Fliegergriff, dessen Namen wir bis zu diesem Nachmittag nicht gekannt hatten, und sah aus, wie Dein Vater später sagte, »als sei sie besoffen vor Glück«, sie hatte dieses Konvertitenlächeln im Gesicht, sie war von Nichtmutter zu Mutter konvertiert und nicht mehr von dieser Welt. Das Kind sah etwas verwirrt aus, vielleicht war ihm im Fliegergriff schlecht. Sie fand alles »so wunderbar«, die schlaflosen Nächte, das endlose Stillen, die pausenlose Bindung ans Kind, und die Geburt, die fand sie einfach nur wunderschön. Schön?

An dieser Stelle sagte Dein Vater, weil er es nicht mehr aushielt, er ginge jetzt hinunter ins Büro, um meine Bücherregale aufzubauen, und sie wurde bleich und murmelte: »Wie, du willst wieder arbeiten?«, und warf Dir einen dieser endlos mitleidsvollen Blicke zu. Du lagst auf meinem Schoß, Du wurdest nicht in Bauchlage geschaukelt, nie freute ich mich gesanglich über Deine vollen Windeln, aber Du grinstest mich mit Deinem immer glücklichen Lächeln an. Und weil ich nun nicht mehr konnte, weil ich ja schon den Gesang ausgehalten hatte, das Schaukeln und das Lächeln, den Bericht »über unsere wunderschöne Geburt« in der Babysprache vorgetragen und auch die vielen wertvollen Ratschläge (»Was, ihr habt *Oje, ich wachse!* noch nicht gelesen? Da steht genau drin, wann das Kind etwas können muss!«), weil ich all das und dann noch den Blick angesichts meines zweiten Kuchenstücks (denn es geht alles in die Muttermilch!) brav und lange ertragen habe, meinte ich nun erzählen zu müssen:

»Ich arbeite längst wieder. Ich war schon zwei Wochen nach seiner Geburt im Literaturhaus.«

»Und er? Er war alleine?«, und ich dachte, sie reißt Dich gleich aus meinen Armen, um Dich direkt eigenhändig ins Jugendamt zu tragen.

»Nee, der war beim Papa.«

»Allein?«

Und daraufhin Dein Vater, seelenruhig: »Nein, der Hund war auch noch da.«

Kurz darauf ging sie und rief nie wieder an.

Gell, Mäuschen, und als wir dann in der Klinik ankamen ...

Können muss! Man zählte Eure Lebenszeit noch in Tagen! Was auch immer Du mir alles vorwerfen magst: Nie habe ich in Tabellen nachgeschaut, an welchem Tag Du lächeln/sitzen/krabbeln können MUSST.

Die Konvertitin, die sich einst mit mir anfreunden wollte und mal mit mir essen gehen und der ich antwortete, ich kenne ein leicht unkonventionelles bayerisches Lokal mit ausgezeichnetem Schweinebraten, die rief auch nie wieder an.

Ich denke, ich bin eine gute Mutter und auch eine gute Jüdin, aber ich bin ja auch nicht konvertiert.

Wobei das eine eher Du beurteilen solltest. – Und das andere eher G"tt.

Es ist ganz einfach, das Schöne am Jüdischsein, vielleicht das einzig Schöne daran: dass man es nicht lernen kann. Weshalb man zwar zum Judentum übertreten, aber nicht Jude werden kann.

Interview mit einer Konvertierenden

> Ich pauschalisiere nicht, auch wenn ich pauschalisiere. S. ist eine großartige Freundin, die ich in Israel kennenlernte und die gerade dabei ist, zum Judentum überzutreten.
>
> Kommentar zum Kommentar: Und weil ich Dir zeigen will, dass es wichtig ist, mit Menschen zu sprechen, bevor man sich eine Meinung über sie bildet. Mein Versuch, eine gute Mutter – ein Vorbild – zu sein.
>
> Das Interview wurde so aufgeschrieben, wie gesprochen wurde.

Ich: Warum willst du konvertieren?

S.: Weil das mehr meinem eigentlichen Glauben entspricht und ich der Meinung bin, dass man im Judentum mehr Denkfreiheiten hat als in anderen Religionen.

Ich: Aber was ist dein Glaube?

S.: Offiziell auf dem Papier? Evangelisch-lutherisch-nordelbisch. Genauer kann ich es nicht sagen. Der Grund übrigens, warum ich aus der Kirche noch nicht ausgetreten bin, ist der, dass ich die Kirche hinsichtlich der Sache »Charity« für eine gute Institution halte.

Ich: Und nichtoffiziell, dein Glaube?

S.: Definitiv strenger als das, was ich im Christentum ausleben würde und beigebracht bekommen habe. Das Christentum unterrichtet weitläufig Werte (wobei man sicherlich auch hier die unterschiedlichen Gruppierungen unterscheiden muss), hält – und lebt – sie in vieler Hinsicht aber nicht. Im Judentum bin ich enger an der Bibel, näher an der Quelle.

Ich: Warum willst du eng an der Bibel sein?

S.: Weil ich sie für etwas Heiliges halte.

Ich: Der Unterschied zwischen dem Judentum und dem Christentum ist doch in erster Linie Jesus. Glaubst du an Jesus?

S.: Als Prophet ja, als Messias nein. Wie es im christlichen Sinn dargestellt wird, nicht. Vielleicht ist das für andere eine gute Sichtweise, aber nicht für mich.

> Eine sehr jüdische Antwort ist das!

Ich: Hast du das im Konversionsunterricht gelernt?

S.: Nein.

Ich: Sondern?

S.: Ich habe ein Problem mit dem Erlöser als Person.

Ich: Was wird anders, wenn du übergetreten bist?

S. (nach einer langen Pause): Nicht viel, da ich es für mich mache.

Ich: Wie reagieren andere auf dieses Vorhaben?

S.: Zum Teil werfen sie mir vor, dass ich den christlichen Glauben aufgebe und damit die Tradition, in der ich aufgewachsen bin. Und zum anderen, was seltener passiert, finden sie es gut, weil sie denken, dass ich damit meinen Weg suche.

Ich: Tust du das?

S.: Sicherlich, aber ich glaube nicht, dass Religion den Weg allein ausmacht.

Ich: Wann hast du beschlossen zu konvertieren?

S. (nach einer langen Pause): Zwei Jahre, nachdem ich in Israel war.

Ich: Gab es einen Auslöser dafür?

S.: Das war ein langsamer Prozess.

Ich: Und wie reagieren Juden darauf?
S.: Bisher durchweg positiv. Obwohl viele auch sagen, zwischen Judesein und Judewerden ist ein Unterschied. Das ist aber nicht unbedingt negativ behaftet.
Ich: Kann man das Judentum lernen?
S.: Man kann über das Judentum lernen, aber ich glaube, es ist wie bei jeder Religion: Da gehört mehr dazu als der Kopf.
Ich: Was gehört sonst dazu?
S.: Gefühle, Verstand und die ganze Leib-Seele-Konstruktion.
Ich: Und was ist damit? Wie macht man seine Seele jüdisch?
S.: Das ist das Tolle am Judentum, man konvertiert nicht innerhalb von zwei Wochen. Das ist ein langer Prozess, und man macht sich währenddessen bewusst, was man da eigentlich tut. Man muss sich da wirklich reinlieben.
Ich: Siehst du einen Unterschied zwischen Juden und Konvertiten?
S.: Sicherlich. Die persönliche Vergangenheit ist unterschiedlich geprägt, die Traditionen, die mitgebracht werden, sind unterschiedlich. Aber beides sind Chancen.
Ich: Jüdischer Humor?
S.: Im Kopf vorhanden, nicht auf der Zunge. Zu schüchtern dafür.
Ich: Wie findest du Juden?
S.: Was ist das denn für eine Frage?
Ich: Eine mit jüdischem Humor.

S.: Aber hallo! Kannst du das bitte so aufschreiben?

Ich: Ich notiere alles wortwörtlich. Also noch einmal: Wie findest du Juden?

S.: Ich würde immer fragen, wie finde ich eine Person. Es gibt überall schwarze Schafe, es gibt überall tolle Menschen.

Ich: Was nervt an Juden?

S.: Off the record?

Ich: Nein, on the record.

S.: Ich wollte nur einen Scherz am Rande machen.

Ich: Aber jüdischer Humor ist doch, dass man nie was off the record sagt.

S.: Deswegen bin ich ja noch nicht so weit – also mit dem Humor.

Ich: Was nervt an Juden?

S.: Ihre permanente Angst, irgendwas falsch zu machen, was ihre Gemeinde oder das Judentum generell betrifft oder was alle Juden gefährden könnte.

Ich: Der coolste Jude der Welt?

S. (ohne Pause): Mischa.

Ich: Kann ich kurz weinen?

S.: Darf ich noch einen nennen? Adam.

Ich: Aus der Bibel?

S.: Ja.

Ich: Warum?

S.: Weil er entweder als erster Mensch der wichtigste Mensch überhaupt war oder als philosophisches Konzept einfach hochinteressant ist und als Geschichte immer wieder mitreißend.

In meinem Kopf: ja, ja, ja, ja!

In meinem Kopf: Tränen der Rührung. In meinem Gesicht: Tränen der Rührung.

Und was habe ich gelernt? Dass es auch so geht. Dass ich vielleicht öfter mit Konvertiten reden sollte, dann würde ich vielleicht mehr von ihnen mögen.

Kommentar zum Kommentar: Oder dass ich meine eigene nette Konvertitin habe, so wie viele in den Dreißigerjahren »ihren Juden« hatten, der doch eigentlich ganz in Ordnung war. »Ich bin kein Antisemit, ich habe sogar jüdische Nachbarn.« »Ich bin keine Konvertitenfeindin, ich habe sogar eine konvertierende Freundin.«

Ich: Schon einen jüdischen Namen ausgesucht?

S.: Nein.

Ich: Finde ich gut. Hast du noch was hinzuzufügen zum Thema Judentum oder Konversion?

S. (nach einer langen Pause): Noch was hinzuzufügen zum jüdischen Namen. Hab noch keinen, weil mir das zu wichtig ist.

Warum wir uns selbst nicht mögen

Ich will nicht nur über andere herziehen, ich will Dir auch klar und deutlich sagen, dass wir auch uns selbst nicht gut leiden können.

Lieber Mischa, hasst Du Dich selbst schon?

Der jüdische Selbsthass ist ein feststehender Begriff, der einen Teufelskreis beschreibt. Er geht so: Ein Jude kann sich selbst nicht leiden, weil er Jude ist ▷ er kann sein Judentum nicht leiden ▷ er kann das Judentum an sich nicht leiden ▷ er kann Juden nicht leiden, weil sie ihn an ihn selbst erinnern ▷ er sagt es und gilt ab da als Antisemit ▷ er kann Juden noch weniger leiden, weil er das für absurd hält ▷ und weil sie ihn an sich selbst erinnern. Und so weiter und so fort.

Das wird mir übrigens nach diesem Kapitel genauso ergehen, fürchte ich. Also das mit dem Antisemitismusvorwurf. Nehme ich aber in Kauf, wenn diese meine Erklärung Dir solche Erlebnisse erspart.

Bekanntlich kommen die heftigsten Antisemiten aus den eigenen Reihen. Karl Marx, rein optisch der Jude par excellence, verfasste schon im zarten Alter von fünfundzwanzig Jahren die Schrift *Zur Judenfrage*, die, nun, die Juden nicht gerade im besten Licht darstellte. Kurt Tucholsky, der dem Judentum

> Wie sehr meine Sätze neuerdings denen meiner Mutter gleichen! Erschreckend ist das!

durch eine Taufe zu entfliehen versuchte, galt dem ebenfalls jüdischen Wissenschaftler Gershom Scholem als einer »der begabtesten und widerwärtigsten jüdischen Antisemiten«. Nun könnte man natürlich sagen, das sind Interna, Juden können einfach nur keine anderen Juden neben sich ertragen.

Man könnte aber auch den Gründen nachgehen. Also los.

1. Juden haben Hakennasen

Wie gesagt, wir Juden wissen, dass wir so aussehen, wie wir eben aussehen. Weshalb wir auch immer wieder zueinander sagen, so leise, dass die Gojim es nicht hören: »Schau mal, der sieht so jüdisch aus!« Ob explizit die Nase damit gemeint ist, sei dahingestellt. Meine Mutter würde sagen, es ist vielmehr der Blick, und mein Vater würde hinzufügen: der klug ist. Ich aber meine, dass man das jüdische Aussehen nicht beschreiben kann, ohne antisemitisch zu sein, und diese Ambivalenz – der quasi automatische Antisemitismus, sobald man das jüdische Aussehen beschreibt – macht uns Juden noch antisemitischer, ein doppelter Antisemitismus sozusagen. (Ich liebe sie durchaus, diese jüdische Ambivalenz.) Die Nasen aber, die finde ich schön!

2. Juden haben Glatzen

In meinem Weltbild – und das mag sehr von der sowjetischen Propaganda sowie den Bildern meiner Verwandtschaft geprägt sein –

haben Juden passend zu den Nasen auch Glatzen. Man möge mir widersprechen, die Juden werden es an dieser Stelle sicher tun, und damit zum nächsten Punkt:

Dein Vater hat es schon getan, Dein Vater, der eine Glatze hat.

3. Juden streiten sich viel

Zwei Juden, drei Meinungen. Einer der kürzesten und wahrhaftigsten jüdischen Witze überhaupt.

Jude 1: Das ist doch der größte Schwachsinn, den ich je gehört habe! Wir Juden streiten uns doch nicht mehr als andere Menschen! Also wirklich!

Jude 2: Doch, natürlich streiten wir uns! Tun wir doch gerade! Um dieses Thema. Und hast du schon mal eine jüdische Gemeinde ohne Streit gesehen?

Jude 1: Wir streiten uns doch nicht, du Idiot! Was erzählst du die ganze Zeit für einen Blödsinn! In allen Vereinen und Organisationen wird sich gestritten. Das kann man nicht auf das Judentum zurückführen! Den Streit in der Familie schon. Das ist klar wie Hühnerbrühe!

Jude 2: Bitte, was höre ich da? In den Familien streiten sich Juden doch nicht öfter als andere Menschen! Das ergibt doch gar keinen Sinn, was du da redest! Und überhaupt! Was streitest du mit mir herum?

Jude 1: Ich bin Jude, und ich streite mich mit niemandem. Nicht in meiner Gemeinde, in die ich zurzeit sowieso nicht gehen kann, weil Moische Feinbaum, aber das tut jetzt nichts zur Sache. Nicht in meiner Familie, wo ich immerhin mit zwei anstrengenden Brüdern leben muss. Und auch nicht mit dir! Und nun lass mich in Ruhe für den Rest meines Lebens!

4. Juden sind schlauer als andere
Na, deshalb haben wir doch so viele Meinungen!

(Und an dieser Stelle ist Dein Vater – typischerweise – ganz anderer Meinung. Nämlich, dass das eine mit dem anderen nichts zu tun hat.) Ich hingegen sage, nur wer schlau ist, kann sich über Ambivalenzen Gedanken machen.

5. Juden haben eine problematische Beziehung zu ihrer Mutter
Der Grund dafür, dass der Erfinder der Psychoanalyse ein Jude war.

> Ist doch interessant, wie manche innerjüdische Klischees sich von denen der Nichtjuden unterscheiden und manche nicht.

6. Juden sind arrogant
Ist das vielleicht mein Vorurteil? Ist das vielleicht der Grund für unsere Streitigkeiten? Sind wir arrogant, weil wir schlauer sind als andere? Müssen wir arrogant sein, um mit unseren Nasen und unseren Glatzen in dieser Welt zurechtzukommen? Ist es eine Art Selbstschutz?

7. Juden haben Angst vor Antisemitismus
Nun ja, er ist ja auch überall, der Antisemit, der überall den Juden vermutet. Weshalb man

lieber vorsichtshalber auf Koffern sitzt, um jederzeit auswandern zu können, und sich für diesen Fall schon mal eine Wohnung in Tel Aviv kauft, wenn man sie sich denn leisten kann. Außerdem verkehrt man möglichst mit Juden, denn der interne Antisemitismus ist doch einfacher zu ertragen als der gojische, oder nicht?

Und ich selbst? Ich habe zumindest Angst davor, mich mit dem, was ich tue, tatsächlich für die Existenz zukünftiger Antisemiten verantwortlich zu machen. Was wiederum wahrscheinlich ziemlich jüdisch ist.

8. Juden glauben, diese Angst sei berechtigt
Leider.

Oder bin ich zu blauäugig und sollte schreiben: Und sie haben recht.

9. Juden sind laut
Ich spreche lauter als andere. Meine Mutter spricht lauter als andere. Meine Großmutter spricht lauter als andere. Es fällt auf und ist peinlich, außer wir sind gerade in einer jüdischen Gemeinde. Oder führe ich mein eigenes Lautsein ungerechtfertigterweise auf das Judentum zurück? Hat der jüdische G"tt geschrien?

Ich glaube schon.

Eine durchaus jüdische Eigenschaft: Fragen mit Fragen zu beantworten.

10. Juden können sich selbst nicht leiden
Ja, das habe ich doch gerade gesagt!

Juden und Muslime: kurz und ehrlich

Dein Vater hat ja mehr so die Angst, Mohammed und Fatima könnten Dich mit »Du Jude!« beschimpfen, aber zu dem Thema ein anderes Mal mehr.

Und ja, ich kenne den Unterschied zwischen Islam und Islamismus. Aber klingt Philoislamismus nicht schön?

Sollte Dich das Thema interessieren, kann ich Dir ein paar gute Bücher über die jahrhundertelangen Beziehungen zwischen Juden und Moslems empfehlen.

Ich kann Muslime gut leiden. Das sei vollkommen verallgemeinernd und indiskutabel undifferenziert dahingesagt. Ich hoffe, Du wirst viele Freunde namens Mohammed und Fatima haben. Und bevor das alles in einen Philoislamismus ausartet oder – schlimmer noch – in ein völker- und religionsverständigungsverherrlichendes Gesäusel, das sich derzeit in diesem Land doch eher auf die angeblich jahrhundertelange »christlich-jüdische Kultur« bezieht, höre ich mit der Thematik auf.

Nein, Du bist kein Rothschild

Es ist nicht so, dass ich es theoretisch nicht wüsste: Der Jud an sich, der hat viel Geld. Der macht Business, der handelt mit Diamanten, der verschiebt Geld hin und her, an den Börsen und zwischen den Taschen von Moische und Schlomo, den lieben langen Tag, ganz koscher geht's dabei sicherlich nicht zu, und am Ende des Tages, da hat der Jud viel Geld.

Aber in der Praxis ist es leider so, dass ich selbst nie Geld habe. Und wenn ich welches habe, ist es gleich wieder weg. Und ich weiß nicht, wohin.

Irgendwann einmal fingen Freunde an, von Wohnungskauf und Häuserbau zu sprechen. Von Krediten und Baugenehmigungen. Von Gärten und Dachterrassen. Ich langweilte mich zu Tode. Ich wollte über die Fernsehserie reden, die wir bis vor Kurzem noch alle gut gefunden hatten. Oder über Blacky. Ich möchte immer über Blacky reden, aber sonst leider keiner. Ich sagte einer Freundin, dass wir nichts kaufen würden, da wir sowieso kein Geld hätten. Und sie schaute mich an und fragte: »Aber ihr verdient doch Geld! So wie wir!« Und ich dachte nach und stellte fest, sie hatte eigentlich recht. Aber wir haben trotzdem keins.

Irgendwie unangenehm, dieses Thema. Dabei müsste es mir als Jüdin doch eigentlich gefallen.

Ich jammere nicht, ich finde das nicht schlimm. Vielleicht, weil ich es nicht anders kenne. Einer meiner Lieblingsautoren, Sergej Dowlatow, Freund Brodskys, KGB-verfolgter Autor, Beinahedissident, Wodkaliebhaber, schrieb einmal, die Menschen kämen bereits als Arme oder Reiche auf die Welt. Die einen würden ihr Geld – unabhängig von der vorhandenen Menge – auch ohne großes Zutun vermehren. Geldscheine auf der Straße finden. Im Lotto gewinnen. Von einer unbekannten Tante erben. Die Armen würden immer verlieren. Gewännen sie einmal im Lotto, hätten auch andere dieselben Zahlen getippt, sodass die Gewinnsumme klein wäre. Wenn sie überhaupt erben, erben sie Schulden. Ihre Portemonnaies hätten immer Löcher. Ich glaube, er hat recht. Ich glaube, ich gehöre zur letzteren Kategorie.

Gespräch mit Deinem Vater: »Was fällt dir zu Geld und Juden ein?« Er war gerade dabei, eine Hühnersuppe zu kochen nach dem Rezept einer nichtjüdischen Freundin.

»Dass wir keins haben!«, kam wie aus der Pistole geschossen. »Und dass ich das sehr bedauerlich finde!«

Es wäre schön. Es wäre schön, wenn es so einfach wäre: Die Juden haben Geld. Das wäre eine kleine Entschädigung, die G"tt uns hätte gönnen können nach all den Schwierigkeiten, die wir sonst so hatten. Ein kleines (oder besser gesagt: ein großes) Plus auf dem Konto als Kompensation, oder wenigstens

> Rezept: 1 Huhn, 3,5 Liter Wasser, 2 Zwiebeln, 2 Möhren, Sellerie, Pastinake, Petersilie nach Gefühl, Salz, Pfeffer; Einlage: Reis, Lokschen (dünne Eiernudeln) oder Mazzekuchen.

um den Psychoanalytiker zu bezahlen, der uns von unseren jüdischen Müttern ... Jedenfalls scheinen die Menschen uns zu beargwöhnen, weil wir angeblich viel Geld haben, das Geld horten, es verleihen, es vermehren. Wäre es da nicht schön, das Geld zu *haben*, für das man gehasst wird?

Ach, unser G"tt ist manchmal kein netter G"tt.

Man hat ja so viel von den Rothschilds gehört. Wie reich die waren und sind, echte Juden eben. Ich kenne sie leider nicht. Ich kenne eher Juden, die irgendetwas erforschen, ertüfteln, schreiben, malen – und zwischendrin immer feststellen, dass das Geld wohl eher die Rothschilds haben. Ich persönlich glaube ja gar nicht an Rothschilds. So wie manche nicht an G"tt glauben, weil sie ihn noch nie gesehen haben, glaube ich nicht an die Rothschilds, bis ich sie sehe. Einmal traf ich einen Verwandten von Rothschild, einen armen und sehr entfernten Verwandten. Er malte mir lange und mit vielen verzweigten Pfeilen auf, wie er genau mit Rothschild verwandt war. Die Serviette, auf der er die Zeichnung anfertigte, reichte nicht aus. Er erzählte, er habe die Rothschilds mal angeschrieben und warte nun schon seit sechs Jahren auf eine Antwort.

Vergangene Woche handelten wir Kühe mit Freunden. Dieser Kuhhandel war ein Gesellschaftsspiel, denn seit Du auf der Welt bist, junger Mann, gehen wir nicht mehr in coole

Ich wollte sagen: »erlöst«, aber das klingt nicht so nett.

Ich werde Dir an dieser Stelle die Erklärung ersparen, dass das Vorurteil von der Tatsache herrührt, dass Christen kein Geld verleihen durften und deshalb diese Aufgabe an die Juden weitergaben. Denn das wird neben der Holocaust-Story sowieso das Einzige sein, was Du im Geschichtsunterricht an der Schule über Juden lernen wirst.

Es gibt viele Witze über die armen Verwandten von Rothschild, etwa den: Rothschild ist gestorben. Auf seiner Beerdigung bricht eine Frau zusammen, weint, wimmert, ruft zu G"tt: »Warum nur, warum?« »Sie sind wohl eine nahestehende Verwandte?«, fragt ein Herr mitfühlend. »Nein!«, antwortet sie. »Gerade darum weine ich ja so!«

Bars und tanzen, sondern laden spießigerweise Freunde zu Spieleabenden ein. Ja, ich weiß, wie peinlich das ist. Ich weiß, dass es Babysitter gibt. Wir haben auch welche. Aber wenn man dann ausgeht, stellt man Überlegungen an, die ich nicht mag. Zum Beispiel bei der Kinoauswahl: »Film mit Überlänge ist schon mal schlecht!«, und nach dem Kino dann: »Trinken wir noch ein Bier? Obwohl das Bier für uns jetzt nicht mehr zwei, sondern zehn Euro kostet?«

Juden sind nun mal geizig.

Jedenfalls handelten wir Kühe, wir mussten nicht in den dunklen, kalten Abend hinaus, wir hatten Unmengen zu essen, Du schliefst (nicht in Deinem Zimmer), Blacky wartete unter dem Tisch auf Essensreste, Dein Vater gewann wie immer bei diesem Spiel.

»Ach, diese Juden, man sollte mit ihnen vielleicht keine Spiele spielen, bei denen es ums Handeln geht«, sagten unsere nichtjüdischen Freunde.

»Ich liebe dieses Spiel!«, sagte Dein Vater.

»Du bist ja auch Jude«, sagten unsere Freunde. Ich mochte den Dialog.

Niemand handelt schlechter als ich. Niemand.

Einmal bekam ich einen Job bei einer sehr linken, sehr armen, sehr provokanten Zeitung angeboten. Von dem Geld, das sie mir boten, hätte ich mir vielleicht gerade ein WG-Zimmer leisten können, aber keinen Strom dazu. Ich sagte: »Ich komme auch mit weniger zu-

---

Okay, bevor Du mir vorwerfen kannst, ich würde Dir Schuldgefühle vermitteln, gebe ich es zu: Wir waren auch vor Deiner Geburt schon Couch-Potatoes. Aber Du bist eine prima Ausrede!

Aber was man für Dich nicht alles tut!

Abend für Abend gabst Du uns zu verstehen, dass wir uns den Kauf eines Kinderbetts hätten sparen können, denn wenn man bei Mama und Papa schlafen kann, wieso, um G"ttes willen, sollte man in sein eigenes Bett?

Kommentar zum Kommentar: Du warst damals ein kleiner Mensch von rund fünfundsiebzig Zentimetern und nahmst mehr als die Hälfte unseres Ehebetts ein. Es waren erholsame Nächte. Für Dich.

recht, kein Problem! Ihr habt doch nicht so viel Geld!«

Dabei bin ich in Zahlen richtig gut. Ich könnte bei einem Geheimdienst, zum Beispiel bei der NSA, arbeiten, die immerhin die weltgrößte Ansammlung von Mathematikern beschäftigt, sagt Dein Vater, aber das sagt er nur, weil er von Zahlen keine Ahnung hat. Er sagt es auch deshalb, weil ich, wenn ich nervös bin, Logikaufgaben rechne und auch mal ein Mathebuch in den Urlaub mitnehme. Das finden die Freunde, mit denen wir Urlaub machen, etwas befremdlich. Sie finden auch meine Uhr befremdlich, denn es ist eine Uhr, bei der man rechnen muss, wenn man die Uhrzeit wissen will. Dein Vater schenkte sie mir zum Geburtstag, ich sprang vor Glück aus dem Bett, was schmerzhaft war, denn mein Geburtstag war zwei Tage nach Deinem, also nach Deiner Geburt. Er sagte: »Ich habe keine Ahnung, wie dein Geschenk funktioniert, aber ich glaube, du wirst es mögen!« Mit Zahlen kann ich umgehen, aber nicht mit Geld.

Erst recht nicht, wenn ich es geschenkt bekomme.

Ich bin eigentlich keine Gewinnerin. Ich gewinne nie etwas. Nicht bei Ausschreibungen, nicht im Lotto, nicht bei Tombolas. Als Kind wollte ich auf Rummelplätzen Lose kaufen (selbstverständlich nebst Zuckerwatte und Schokofrüchten und Achterbahn- und Autoscooterfahren). Meine Lose

> Die NSA beschäftigt nämlich die weltgrößte Ansammlung von Mathematikern.

waren immer Nieten. Kein Billigschlüsselanhänger, keine Packung Bleistifte. Nicht einmal Pferdesticker. Als Kind weinte ich, mein Vater kaufte mir noch mehr Lose, noch mehr Nieten.

Dein Vater hingegen ist ein geborener Gewinner. In der Münchner Stadttombola, wo er eigentlich das Auto gewinnen will, gewinnt er vielfältigen Künstlerbedarf für Kinder: Knete, Kreide, Buntstifte, Malhefte, Zeichenschablonen ... (Interessanterweise kaufte er dort Lose nur, solange wir Dich nicht hatten. Bis zu Deiner Geburt hatten wir all die Gewinne bereits verschenkt, sodass es mit Deiner Künstlerkarriere ab dem ersten Lebenstag leider nichts wurde.) Einmal – und das war der größte Erfolg – gewann er ein Jahresabonnement für den Münchner Tierpark.

> Ein Mal in diesem Jahr besuchten wir den Tierpark.

Bevor wir uns kannten, besuchte Dein Vater einen Purimball in einer jüdischen Gemeinde. Dort wurden ihm ein paar sehr, sehr nette junge Frauen aus der ehemaligen Sowjetunion vorgestellt. Wozu ist so ein jüdischer Purimball sonst da? Mit einer musste er tanzen. Er wollte viel lieber die Reise nach Israel in der Tombola gewinnen. Immerhin gewann er einen Fernseher, den Dein Vater und ich Jahre später, nachdem wir uns kennengelernt und zusammengezogen waren, immer noch benutzten.

> Purim ist das jüdische Faschingsfest.

Kurzum, Dein Vater hatte Glück, ich nicht. (Ich, der Hauptgewinn seines Lebens.)

Bis ich ein Auto gewann. Ein Auto, ein veritables schönes, nagelneues Auto. Ich gewann es an einem Tag, an dem ich wieder einmal überzeugend vorrechnete, wie unwahrscheinlich ein solcher Gewinn aus mathematischer Sicht sei. Wir waren auf einer Feier, und Dein Vater kaufte Lose, denn die dienten einem guten Zweck. Was Dein Vater dazu nutzte, an mein Gewissen zu appellieren. Er kaufte zwei Stück für mich. Gleichgültig und leicht genervt ließ ich es zu, obwohl es meiner mathematischen Überzeugung nach widersinnig war. Eines der beiden gewann den Hauptpreis. Wahrscheinlichkeitsrechnung, ade.

Du warst damals schon in meinem Bauch, und ich dachte mir, dass *Du* es bestimmt warst, der das Auto gewann. Denn ich gewinne ja eigentlich nie etwas.

Dein Vater, ein besserer Jude als ich, versuchte mich zu überreden, dieses schicke, sportliche Auto zu verkaufen. Es sei zu viel Geld wert, als dass wir es verschenken könnten, indem wir es selber fuhren. Der Wagen passe nicht zu uns. Ein großer, praktischer, gebrauchter Kombi passe zu uns.

Ein kleiner sportlicher Flitzer, in manchen Kreisen hierzulande gilt so etwas als Statussymbol, nur nicht in denen, in denen ich mich bewege.

Ich hielt dagegen. Wir haben das Auto schließlich gewonnen, so etwas verkauft man nicht! Und dann der Appell an das moralische Gewissen: Das Auto gehöre Dir, Du habest es gewonnen, und wir könnten Dein Eigentum nicht einfach verkaufen.

Wir verkauften es also nicht.

Wir verkauften es acht Monate später, zwei Wochen vor Deiner Geburt, es war nicht mehr ganz so neu, es hatte ein paar Kratzer und ein paar Blacky-ich-war-im-Wald-und-habe-in-jeder-einzelnen-Pfütze-gebadet-Spuren, es war zu klein für Hund, Kind, Hundebox, Kinderwagen und uns, der Wagen passte nicht zu uns. Es war über 10 000 Euro weniger wert als zu Beginn.

Klar doch, Juden machen Geld.

Wir kauften einen großen, praktischen gebrauchten Kombi, der zu uns passte. Die ganze Probefahrt lang bat ich deinen Vater um Verzeihung.

Natürlich hatten wir ordentlich gehandelt, wie es sich gehört. Dachten wir. Und Winterreifen bekamen wir umsonst noch dazu.

Ich durfte bei der Verhandlung gar nichts sagen, um den Preis nicht noch höher zu treiben. Dein Vater handelte so gekonnt.

Als wir abends Blacky bei Deiner Patentante abholten, erzählten wir ihr stolz von unserem Verhandlungstalent und was wir am Ende gezahlt hatten.

»Ich verstehe das nicht ganz, das ist doch mehr, als in der Annonce stand?«, fragte sie.

Und genau deshalb wirst Du niemals ein Rothschild sein.

Wo Juden und G˝tt sich treffen

Warum wir so selten in eine Synagoge gehen, wirst Du mich eines Tages fragen. Und ich werde mit den Schultern zucken und mir wünschen, wir gingen häufiger. Aber nicht in irgendeine, sondern in die meine.

Meine Synagoge befindet sich in meinem Kopf. Sie befindet sich deshalb dort, weil sie außerhalb nicht bestehen würde. Denn bekanntlich besteht das wahre Leben zu einem nicht geringen Teil aus Vorurteilen, Feindseligkeiten und ähnlich Sympathischem. Die Synagoge in meinem Kopf sieht jeden Tag anders aus – mal ist sie ein buntes Haus à la Hundertwasser, mal eine Jugendstilvilla, mal ein moderner Betonbau mit viel Glas, mal eine klassische Bilderbuchsynagoge, an einem goldenen Davidstern erkennbar. Eines hat sie jedoch jeden Tag: weit offene Türen. Durch diese sieht man Gewusel, hört man Gelächter und Gesang, ahnt man Lebensfreude. Der Begriff Synagoge stammt von dem griechischen Wort für »versammeln«, und das tun die Menschen darin: Sie versammeln sich. Es geht laut zu, in der Synagoge in meinem Kopf, Kinderlachen, Babygeschrei, Erwachsenendiskussionen und Hundegebell, denn ja, in meine Synagoge dürfen auch Hunde

> Tut mir leid, ich muss manchmal ehrlich sein.

> Und ich hoffe inständig, Du mögest Deine Musikalität von Deinem Vater geerbt haben.
>
> Kommentar zum Kommentar: Was wohl der Fall sein wird. Denn Du hast, wie gesagt, ALLES von Deinem Vater geerbt und von mir NICHTS.

hinein, vorneweg unser Rabbi Blacky. Und man hört Gesang, melancholisch-herzzerreißend-jüdische Melodien, voller Inbrunst gesungen, und auch wenn jemand falsch singt, spielt das keine Rolle, Hauptsache, es wird mit Herz gesungen. Denn ich selbst singe immer falsch und immer mit Herz.

Der Rabbi meiner Synagoge sieht aus, wie es im Buche steht: schwarzer Kaftan, großer Hut, langer Bart, große Ohren, große Nase, eine Brille und ein wissendes Lächeln im Gesicht. Mein Rabbi ist alt und weise, er liebt Kinder und Bücher, und zu jeder Gelegenheit erzählt er einen jüdischen Witz, über den er selbst ein bisschen mehr lacht als die Zuhörer. Er sieht orthodox aus, er ist es auch vielleicht, aber die Menschen, die in die Synagoge kommen, müssen nicht religiös oder gar orthodox sein.

Die Synagoge ist ein jüdisches Haus, ein offenes Haus voller Menschen, man kommt her, um diese zu treffen und mit diesen zu diskutieren – jüdisch zu diskutieren: zwei Juden, drei Meinungen. Man kommt her, um zu lesen, jüdische Texte zu lesen, zu hinterfragen, ja, lesend zu genießen. Man kommt auch zum Essen hierher, jeder hat etwas fürs Büfett dabei, es gibt immer zu viel, zum Schabbatbegrüßen oder Pessachfeiern, man kommt und bringt Familie und Freunde mit, denn hier sind alle willkommen. Wenn man möchte, dann kommt man natürlich auch zum Beten. Im Gottesdienst wird viel gesungen, und Kinder toben herum, Kinder mit süßen Schläfenlocken und klugen dunklen Augen, und keiner zischt sie an, sie sollen doch bitte endlich mal leise sein, denn im jüdischen Glauben gehen alle Sünden der Kinder, auch die des Nichtbetens und des Nicht-leise-Seins-im-Gottesdienst, aufs Konto des Vaters, und das ist auch gut so. Nach dem Gebet wird gegessen und geredet, und an Simchat Tora wird ausgelassen mit der Thorarolle getanzt, Männer und Frauen gemeinsam, Ultraorthodoxe, Orthodoxe, Modern-Orthodoxe, Liberale, Konvertiten, Atheisten und Nichtjuden gemeinsam, wer eben möchte. In der Synagoge in meinem Kopf herrscht ein jüdischer Geist, ich gehe sehr gerne und sehr regelmäßig dahin. G"tt übrigens auch.

Die Synagogen in der Wirklichkeit sehen anders aus. Die Wirklichkeit sieht aus wie in dem alten jüdischen Witz, nämlich so: Der jüdische Robinson Crusoe strandet auf einer Insel und lebt dort alleine. Als er Jahre später endlich gerettet wird und seinen Rettern die Insel zeigt, stehen da auch zwei Strohhütten mit geflochtenem Davidstern am Eingang. »Das sind die Synagogen«, erklärt der jüdische Robinson Crusoe stolz. »Wozu brauchen Sie denn zwei?«, fragt man ihn erstaunt. »Na, in die hier gehe ich«, sagt er und zeigt ausladend auf die linke und dann, angewidert: »In die dort drüben, in die gehe ich auf gar keinen Fall!« Und so ist es auch: Es gibt Synagogen für unterschiedliche religiöse Richtungen

> Ich wiederhole: Aufs Konto des Vaters, und das ist auch gut so.

> Und ja, ich weiß, dass in diesem Satz ein Widerspruch steckt – Männer und Frauen gemeinsam, Männer UND Frauen UND Ultraorthodoxe – aber sie tanzen ja auch nur in meinem Kopf.

und Traditionen, was aus theologischer Sicht verständlich ist. Es gibt Synagogen, vor allem in Städten mit großen jüdischen Gemeinden, in die in erster Linie junge Menschen gehen. Oder andere, die nur von bestimmten Familien besucht werden, und wieder andere, in die vor allem Bewohner eines bestimmten Stadtviertels gehen. Und eben auch solche, wo Moische hingeht, weil Schmuel seinen Schabbat woanders verbringt. Was aus psychologischer und menschlicher Sicht verständlich ist. Nur heißt es für mich, dass ich mich irgendwie entscheiden muss, für und gegen etwas. Jetzt könnte man sagen, so ist es nun mal im Leben, man muss sich entscheiden, und zwar jeden Tag aufs Neue. Nur, dass man ja aus einem bestimmten Grund in eine Synagoge geht: In meinem Fall geht es darum, meine Jüdischkeit – so unreligiös ich auch sein mag – auszuleben. Indem ich was tue? Andere Juden treffe, jüdischen Gesang im Gottesdienst höre, esse, rede, jüdische Witze erzähle und jedes Mal, wenn etwas herunterfällt und alle automatisch »Mazel Tov« sagen, mich in diesem Moment jüdisch fühle – und mich darüber freue.

Aber: Gehe ich in die große Münchner Synagoge mitten in der Innenstadt, weil die Juden in Deutschland nun (wieder) »mitten im Leben angekommen sind«, betrete ich ein Gebäude, das meiner Meinung nach mehr einem geschlossenen Bunker denn einer Synagoge ähnelt. Dort treffe ich zwar viele

Juden. Aber wenn ich dem Gottesdienst beiwohne, kann ich dem Inhalt nur bedingt folgen, weil ich dazu nicht genug Hebräisch verstehe.

Oder: Gehe ich stattdessen in die liberale Synagoge, betrete ich ein Gebäude, das gar keine Synagoge ist, weil das liberale Judentum noch nicht so sehr mitten im Leben angekommen ist wie das orthodoxe und deshalb keine eigenen Räume hat. Dort kann ich mir meist eine kluge Predigt anhören, die ich verstehe, weil sie auf Deutsch gehalten wird, aber die meisten Juden dort sind Konvertiten, was zwar bedeutet, dass sie mehrere Jahre lang sehr fleißig und brav alle jüdischen Regeln und Gesetze studiert haben und diese auch kennen; nur den jüdischen Geist, den tragen sie meist nicht in sich, weil man ihn nicht einfach lernen kann.

Oder aber: Ich gehe ganz woanders hin. Nur wohin?

Und viel wichtiger, neuerdings, die Frage: Wo bringe ich Dich hin?

Weshalb wir meistens zu Hause bleiben. Ich lebe meine Jüdischkeit zu Hause aus und hoffe, dass Du sie trotz der mangelnden Bräuche spürst. Wo Dein Vater jedes Mal, wenn etwas herunterfällt, »Mazel Tov« ausruft und sogar der Hund, der vor jedem annähernd krachenden Geräusch panisch erschrickt, mittlerweile weiß: Wenn dieser Satz gefallen ist, ist alles gut. Wo meine Mutter bei jedem ihrer Besuche unser Gefrierfach mit Essen

Und uns immer wieder vornehmen, Schabbat zu Hause zu feiern. Bis Freitag ist. Und wir zufällig etwas anderes vorhaben.

vollstopft, als hätten wir noch nie selbst was gekocht und stünden kurz vor dem Hungertod, und sich permanent Sorgen macht, Du, wahlweise auch ich oder Dein Vater oder manchmal sogar der Hund könnten sich erkälten. Wo mein jüdischer Vater bei jedem seiner Besuche zu jeder Begebenheit, jeder Erzählung, jedem Dialog einen jüdischen Witz zu erzählen weiß. Wo ich, wenn Du etwas Komisches machst, den Kopf schüttele und »Ejngesundenkopp« murmele, so wie ich es mein Leben lang von meiner Großmutter gehört habe.

Dazu brauche ich keine Synagoge.

Und die Sache mit G"tt? Nun, ich weigere mich zu glauben, dass er in bestimmten Gebäuden ansprechbarer ist als in anderen, auch wenn das Menschen behaupten, die in religiösen Gesetzen weitaus bewanderter sind als ich. G"tt und ich, wir regeln die Sache unter uns. Ich glaube zum Beispiel, dass G"tt sich des Öfteren im Englischen Garten mitten in München aufhält, kurz nachdem es geregnet hat und Regentropfen im grünen Gras glitzern und Sonnenstrahlen sich durch die Wolken zwängen, und Du Dich an den im Sommerwind leise rauschenden Blättern an den Bäumen erfreust und der Hund ausgelassen auf der Wiese tobt. G"tt und ich, wir regeln die Sache unter uns, auch ohne Synagoge, denke ich.

Zumindest solange die Synagoge in meinem Kopf nicht Wirklichkeit wird. Ich

---

Beispiel: Als Du etwa vier Monate alt warst, sagtest Du kurz vor dem Einschlafen, ruhig in die Runde blickend: »Bei Heike.« Und dann schliefst Du ein.

Kommentar zum Kommentar: Seitdem suchen wir verzweifelt nach eben dieser Heike, denn wir kennen keine Heikes und wüssten so gerne, woher Du eine kennst.

gehe einfach mal davon aus, dass G"tt sich dort ebenso gerne aufhalten würde wie ich: mitten im Lärm, Lachen, im jüdischen Leben.

Zehn Gebote für G˝tt

1. Gebot
G"tt, ich bin dein Kind, dein Schützling. Du sollst keine anderen Lieblingsschützlinge neben mir haben.

2. Gebot
Du sollst eine Hotline einrichten, wo man dich jederzeit bei Fragen erreichen kann, eine kostenlose, wenn möglich. Es gibt in den USA eine Hotline zum Thema »Zahnseide«, vierundzwanzig Stunden am Tag, sieben Tage die Woche, aber du, du ruhst dich einen Tag aus und bist auch sonst nicht so richtig gut erreichbar.

3. Gebot
Du sollst deine Dokumente, Pläne und Vorhaben WikiLeaks zur Verfügung stellen, denn wir verstehen deine Handlungen nicht immer. Wieso du zum Beispiel keine selbst reinigenden Hunde erschaffen hast, das würde mir Einiges an Arbeit ersparen.

4. Gebot
Du sollst uns keine Plagen schicken, wir haben das längst selbst erledigt: Schweinepest, Vogelgrippe, BSE, Maul- und Klauenseuche.

5. Gebot
Du sollst die Ehre des Auserwählten Volkes vielleicht rotieren lassen, so ähnlich wie die Ratspräsidentschaft in der Europäischen Union. Wir sind da nicht so, wir sind bereit zu teilen. Dann haben andere Religionen auch mal ihren Spaß.

6. Gebot
Du sollst an deinem Ruhetag dein Handy nicht ausschalten, es könnte sein, dass wir dich für eine zweite Schöpfungswoche brauchen. Denn wir sind fleißig dabei, unseren Planeten zu zerstören.

7. Gebot
Du sollst dafür sorgen, dass wir es nicht nötig haben, unseres Nächsten Haus, Vieh, Auto, iPhone, Patek Philippe zu begehren; dann haben wir es auch etwas leichter, Deine Gebote zu erfüllen.

8. Gebot
Du sollst George Clooney nicht die Nespresso-Kapseln klauen. (Und eine Frage hierzu: Siehst du aus wie John Malkovich, oder ist John Malkovich du?)

9. Gebot
Du sollst Meeresfrüchte und ungarische Salami für koscher erklären.

10. Gebot
Du sollst Humor haben und mir diese zehn Gebote nicht übel nehmen; das werden deine Leute hier auf der Erde übernehmen.

Gelobtes Falafel-Land

Israel. Falafel-Land wie Schlaraffenland. Scheinheiliges Land. Gelobtes Land.

Das Land, in dem Milch und Honig fließen. Kleiner als Hessen. Weltweit die meisten Universitätsabschlüsse in Relation zur Bevölkerung. Weltweit höchste Museumsdichte und Orchesterdichte in Relation zur Bevölkerung. Höchste Greifvogelmigration weltweit. Einziger demokratischer Staat im Nahen Osten. Zwei Staatssprachen; eine davon wurde zweitausend Jahre lang nicht gesprochen und dann wiederbelebt. Geburtsland des Mobiltelefons, der Mailbox und der SMS sowie des ersten Antivirusprogramms. 1991, während des Golfkriegs, spielten die Musiker des Israel Philharmonic Orchestra ein Konzert mit Gasmasken. Es gibt ein Gesetz, das das Popeln in der Nase am Schabbat verbietet. 1952 wurde Albert Einstein angeboten, Präsident Israels zu werden; er hat abgelehnt. Atommacht. Der Klebstoff auf israelischen Briefmarken ist koscher. Israelische Geldscheine tragen Blindenschrift. Der längste Kuss der Geschichte dauerte dreißig Stunden und fünfundvierzig Minuten und wurde auf einem Kusswettbewerb in Tel Aviv gemessen. Produktivste Milchkühe

Lauter Nerds.

weltweit. Die Ultraorthodoxen zahlen keine Steuern. Die schwerste Zitrone der Welt wog 5,27 Kilogramm und kam aus Israel. Ein Land, in dem nur diejenigen heiraten dürfen, deren Mutter jüdisch ist, aber in dem kürzlich drei Frauen per Präimplantationsdiagnostik entscheiden durften, ob sie lieber einen Jungen oder ein Mädchen auf die Welt bringen wollen, weil sie ihre Söhne im Krieg verloren hatten.

Israel. Hast Du all das schon gehört? Hast Du auch gehört, dass es Dein Land ist, irgendwie, weil es das Land der Juden ist und Du ein Jude bist und folglich etwas damit zu tun hast? Bist du schon gefragt worden, ob Du den einen bedeutenden, geschichtsträchtigen Stein auf dem Weg von Haifa nach Jerusalem gesehen hast, den Stein, der schon im Alten Testament, das heißt in der Thora, erwähnt wird und den man nun wirklich kennen muss? Oder auch diese andere Ausgrabung, die sich zwischen diesem kleinen Dorf, dessen Name einem doch gleich einfallen müsste, und Netanya befindet? Du wirst so etwas vorzugsweise von einem Deiner graubärtigen Lehrer gefragt, der zahlreiche Studienreisen ins Land der Bibel unternommen hat zu Themen wie »Auf den Spuren Jesu« oder »Hoffnungsvolle Begegnungen in Israel und Palästina«. Musstest Du Dich schon des Öfteren für Israels Regierungspolitik rechtfertigen, obwohl Du diese des Öfteren nicht gutheißt? Ach nein, Du bist ja noch zu klein, das war ja ich. Bei Dir kommt das noch.

Israel. Ich habe da ein bisschen gelebt und es ein bisschen verstanden. Vielleicht. Darf ich Dir das bisschen, was ich über das Land und seine Bewohner verstanden habe, erzählen? Dir etwas weitergeben?

Am besten lässt sich das Land an seinen Verkehrsmitteln beschreiben.

> Hier Fingerhäkchen in die Luft, weil typischer Elternsatz.
>
> Kommentar zum Kommentar: Ich entschuldige mich dafür.

Beginnen wir mit dem Bus. Der Bus ist besonders bombengefährdet, aber das trifft eigentlich für das ganze Land zu. Setz dich nach hinten, meistens sprengen sich die Selbstmordattentäter in die Luft, sobald sie einsteigen, hinten ist die Überlebenschance am höchsten, belehrte mich meine Mitbewohnerin, während sie eine Gurke schnippelte, und fügte hinzu: »Was für eine Salatsoße wollen wir machen?« Israelischer Alltag. Setz dich nach hinten, da ist die Überlebenschance am höchsten, als wäre das so einfach, als suchte man sich einen Platz aus in einem israelischen Bus. In Israel ist Bus das am häufigsten benutzte Verkehrsmittel. Man fährt damit in und zwischen den Städten. Haifa–Jerusalem, zwei Stunden. Jerusalem–Tel Aviv, eine Stunde von der heiligen Zentrale der ultraorthodoxen, schwarz tragenden Langbart-Hutträger und der fotosüchtigen Touristenhorden in die Partyhauptstadt der coolen, metrosexuellen DJs. Eine Stunde im Bus, schnell, billig, überfüllt. Wer dabei das Drängeln nicht be-

> Manchmal sieht man auch das eine oder andere Kamel.

herrscht, geht unter und kommt niemals an, wir erinnern uns, Darwins Gesetze.

Ich bin schon seit ein paar Wochen in diesem sonderbaren Land und bekomme Besuch aus Deutschland. »Wo fängt denn hier die Schlange an?«, fragt er mich, als wir die Bustickets kaufen wollen. Wir blicken auf Menschengrüppchen, die sich aus drei Richtungen auf das Ticketfenster zuzubewegen scheinen.

»Welche Schlange?«, frage ich und bilde eine vierte Linie, schubse wie in einem Computerautorennen eine Frau beiseite, die sich links vor mich zu schieben versucht, und rufe »Zweimal Haifa!« über die Köpfe der anderen hinweg.

»Drängel um dein Leben, wenn es losgeht!«, weise ich meine Begleitung an, als wir am Bussteig warten.

»Wieso drängeln?«, fragt mich jemand auf Deutsch, der wohl mit demselben Bus fahren will und den ich nicht kenne. Noch stehen alle zivilisiert vor dem Bus, lesen Zeitung, essen Blätterteigtaschen, reden durcheinander. Telefonieren zu der jeweiligen Beschäftigung parallel, denn Israelis telefonieren immer parallel zu anderen Beschäftigungen, so auch bei der Nahrungsaufnahme oder einem Live-Gespräch. Dabei halten sie das Handy auf keinen Fall ans Ohr, sondern vor sich hin, schalten den Lautsprecher ein, sodass jeder Umherstehende nicht nur den Teil des schreienden Israelis neben ihm, sondern auch die

Es drängelt sich dennoch jemand noch vor mich, jemand, der sagt: »Ich muss nur ein Busticket kaufen«, als wären sonst alle in der Schlange aus anderen Gründen hier. – Der Ticketverkäufer antwortet ihm: »Moment mal!«, wobei er nicht den Vordrängler darauf hinweisen will, dass dieser gefälligst zu warten habe, sondern dass er selbst erst einmal sein privates Telefonat zu Ende führen muss, bevor er sich wieder seinem Job widmet.

Antworten mitbekommt. Wenn man Hebräisch versteht, wird man beim Verlassen des Hauses Zeuge der besten Soaps (und braucht zu Hause keinen Fernseher mehr). Die Frau dieses Mannes beschuldigt ihn des Fremdgehens sowie des Nichteinkaufens trotz aufgetragener Einkaufsliste. Der Offizier der Soldatin ist ein Arschloch. Der Vater des Teenagers mit den grünen Haaren ist der nervigste Vater der Welt und so weiter, und so weiter.

Als die Bustüren aufgehen, nehme ich meine Begleitung an der Hand, und wir drängeln. Drängeln mit aller Kraft, aller Macht gegen die Israelis.

»Das ist doch ein alter Mann!«, flüstert mein Bekannter, und ihm zuliebe halte ich kurz inne, obwohl ich weiß, dass die Israelis auf das Alter keine Rücksicht nehmen: Die jungen Soldaten schubsen sich an dem Achtzigjährigen ohne jegliches schlechte Gewissen vorbei. Sobald er eingestiegen ist, drängele nun auch ich wieder, ducke mich, um unter Armen mit daran hängenden Einkaufs- und Handtaschen durchzukommen, zwänge mich zwischen den Gewehren der Soldaten vorbei, mache trotz kurzer Beine Riesenschritte, um über Kinder hinwegzusteigen, und ergattere uns im Endkampf einen Platz. Zu weit vorne. Zu nah an eventuellen Selbstmordattentätern. Ein Profi bin ich noch nicht.

Als Allerletzter wird der verdutzt schauende Deutsche einsteigen, der mich gefragt

Dabei soll doch Judentum die Religion sein, in der man die Generationen achtet. Oder ist das der Unterschied zwischen Juden und Israelis?

hatte, wieso man drängeln sollte. Er zögert kurz, wirft einen hilfesuchenden Blick durch das Fenster zu mir, ich nicke ihm aufmunternd zu, dann springt er kurz entschlossen hinein. Die zweistündige Busfahrt nach Haifa verbringt er im Stehen. Anfänger.

Im Bus trifft man einen Querschnitt durch die israelische Gesellschaft. Diejenigen, die von der Arbeit heimkehren, ein paar Ultraorthodoxe, Jugendliche auf dem Weg zu Freunden, Familien mit Kindern, viele Soldaten, Araber und Israelis, Männer und Frauen, russische Immigranten, alte Herren, die viel zu erzählen hätten. Und das Schöne ist: Die sind alle wie ich.

Was ich an Israel (am meisten) mag, werde ich häufig gefragt. »Falafel«, antworte ich dann, das ist unverfänglich. Und außerdem trifft es zu, denn die Falafel, die man in Israel bekommt, liebe ich besonders, weil man sich all die köstlichen Beilagen vom israelischen Salat über Hummus bis hin zu Pommes selbst in das Brot füllen kann. Noch besser als Falafel ist aber die Tatsache, dass in Israel alle sind wie ich. Und ich meine damit nicht, dass sie alle Juden sind, das ist mir egal. Aber sie sehen aus wie ich, sie benehmen sich wie ich, sie sind wie ich. Ein Freund, der vor Kurzem durch Jordanien und Israel reiste, schrieb als Statusmeldung bei Facebook: »Sitze gerade in einem Café und am Nebentisch eine Frau, die aussieht wie Lena«, und fünf Minuten später als eigener Kommentar:

> Voraussetzend, dass ich es mag. Irgendwas anderes kommt ja für Juden oder wahlweise für jeden, der den heiligen Boden betreten hat, nicht infrage.

»Wenn ich es mir recht überlege, sehen die hier alle aus wie Lena.« Wie lässt sich das erklären? Liegt es daran, dass in Israel dunkle Locken und grüne Augen viel verbreiteter sind als hier im Land der Großen, Blonden, Blauäugigen? Meine inzwischen mit einem orthodoxen russischstämmigen Israeli verheiratete Cousine vierten Grades rief, als sie eine blonde Touristin sah: »Guck mal, guck mal, sie hat weiße Haare, wie geht das denn?« (Das war bei meinem ersten Besuch in Israel, ich war damals vierzehn und meine Cousine acht, aber trotzdem.) Meine Pubertät verbrachte ich damit, mir die Haare zu färben – selbst grün schien besser als braun – und zu glätten, was selbstverständlich nicht klappte. In Israel sehen wir alle ziemlich gleich aus, auch ich. Alle ein bisschen wie Anne Frank, und alle haben wir die Traurigkeit des gesamten jüdischen Volkes in den Augen und dabei recht viel Humor.

Die Israelis sind auch alle ein wenig tollpatschig wie ich und sprechen alle sogar noch viel, viel lauter als ich. Ich sage »alle«, weil es schön ist, »alle« zu sagen und eine Mehrheit zu meinen, die so ist wie ich. In Deutschland bin ich immer diejenige, die zu laut spricht, im Café, in der U-Bahn, zu begeistert, zu aufgeregt, zu emotional, eben zu laut, außer vielleicht wenn ich mit meinen griechischen Freundinnen zusammen bin. Nicht so in Israel. Dort bin ich diejenige, die man kaum versteht: »Sprich lauter, was meintest du?«,

Und trotzdem ist Israel nicht mein Land, sondern Deutschland. Das ist einfach so. Nicht, weil ich dort nicht leben will, sondern weil mein Zuhause hier ist.

sagten meine Mitbewohner immer wieder, während alle anderen gleichzeitig ihre Geschichten, Meinungen, Witze heraussprudeln ließen, ein buntes, lautes Durcheinander an Sätzen, Gedanken und Wortfetzen. Sitzt man in Israel in einem Restaurant (oder in einem Bus, wo ebenfalls viel gegessen wird, irgendwie muss man die Fahrtzeit ja nutzen), hört man immer wieder: herunterfallendes Besteck, den Ruf nach einem Wischlappen, die Frage, ob eine neue Serviette erwünscht sei. In Deutschland bin nur ich diejenige, der das passiert. Weil ich ein Tollpatsch bin, weil ich meine Hände zum Reden brauche.

Es ist so herrlich entspannend, diese Rolle einmal mit anderen teilen zu können. Dieses Gefühl läuft den Falafeln vielleicht sogar den ersten Rang ab.

Essen muss man vor dem Busfahren nicht. Im Bus wird man – na ja, wurde ich – durchgefüttert. Als junge Frau alleine unterwegs, mit einem nichthebräischen Buch in der Hand, aber eindeutig jüdisch, das sieht man doch!, weckte ich in all den jüdischen Müttern, die wahrscheinlich unterwegs waren, um ihren Kindern Essen vorbeizubringen, Mütterinstinkte und wurde gemästet. Leckere Sandwiches, viel frisches Obst, Süßkram. So manche von ihnen hat mit mir nach der Verköstigung das Dankesgebet geübt. Im Bus lernte ich Religion.

Im Bus lernt man auch Männer kennen: Soldaten. Diese sind überaus gesprä-

An dieser Stelle einer meiner Lieblingswitze: Trifft Sara ihre Freundin auf dem Markt, und die fragt: »Sarale, ich habe dich schon so lange nicht gesehen! Erzähl mal, wie geht es dir, und der Familie, den Kindern?« Antwortet Sarale: »Oj vej, so viel zu erzählen. Hier, halt mal mein Huhn!«

Ja, wir Juden dürfen durchaus sagen (und tun das ständig), dass wir andere Juden am Aussehen erkennen. Auch an der Nase. So.

»Baruch ata adonai eloheinu melech haolam al hamichyah v'al hakalkalah« nach Teigwaren etwa, die übrigens ausgezeichnet sind, insbesondere die arabischen Burekas (Käseblätterteigtaschen)

chig und ungeheuer stolz auf das, was sie machen. Jeder Israeli scheint, den Gesprächen im Bus nach zu urteilen, einer Eliteeinheit anzugehören, einer sehr geheimen überdies. Dass die israelischen Armeeangehörigen unverschämt gut aussehen, ob weiblich oder männlich, wird sich inzwischen auch in Deutschland herumgesprochen haben. Nichts ist in Israel so omnipräsent wie die Armee, das Land quillt über vor Soldaten und Reservisten, denn jeder ist dabei, Kriegsdienstverweigerer sind nicht willkommen in diesem Land, und sie sehen alle ausnahmslos aus, als gehörten sie auf ein Werbeplakat.

> Für Unterwäsche oder die Armee.

Natürlich muss sich ein Besucher aus Deutschland erst einmal daran gewöhnen, dass wunderschöne junge, oft eher kleinere Frauen mit einer Selbstverständlichkeit Waffen tragen, die fast so groß sind wie sie selbst, als wäre das Gewehr ihre Handtasche mit Handy und Lippenstift darin. Um sich von diesem befremdlichen Anblick zu erholen, fährt man am besten nach Tel Aviv, wo die Frauen keine Uniformen tragen, dafür kurze Röcke. Die Röcke sind so kurz, dass selbst ich mich anfangs nach ihnen umgedreht habe, mich wundernd, dass sie nicht gegen irgendeine Sittlichkeitsordnung verstoßen in diesem hochreligiösen Land, in dem man an Schabbat nicht einmal ein Getränk kaufen kann. Bis ich realisierte, dass die Röcke der Polizistinnen ebenso kurz sein können.

Im Bus wird auch politisiert. Unentwegt dudelt das Radio, und so mancher Busfahrer singt bei den Hits lauthals mit. Nur jeweils zur vollen Stunde, wenn die Nachrichten kommen, ist der ganze Bus still, alle lauschen. Wenn die erste Nachricht kein Weltuntergang ist – also kein Anschlag –, geht das Geschimpfe auf die Regierung los. Ein Volkssport. Von allen Seiten, rechts, links, Mitte. Aber wehe, ein Nichtisraeli wagt ein vorsichtiges: »Aber warum hat der Präsident …?« Den Nationalpatriotismus haben die Amerikaner von den Israelis gelernt, nicht umgekehrt.

Politisch ist auch das Busfahren an sich, wenn man sich innerhalb einer Stadt fortbewegen will. Dann nämlich muss man sich entscheiden, ob man den israelischen oder den arabischen Bus nimmt. Damit würde man die israelischen Araber mit zwei Schekel Fahrtkosten unterstützen. Eine gute Sache, wenn man israelische Araber mag. Ich will aber einfach nur Bus fahren. Und um die politische Entscheidung nicht täglich treffen zu müssen, laufe ich immer häufiger zu Fuß.

> Entspricht etwa vierzig Cent.

Zweites Fortbewegungsmittel: Sheirutim. Ein Zwitter zwischen Bus und Taxi. Es sind Kleinbusse, Sammeltaxis, die bestimmte Strecken fahren oder einen auch wahlweise zu Hause absetzen. Nach welchem System dies funktioniert, haben meiner Ansicht nach noch nicht einmal die Sheirutfahrer verstanden.

Drittens: Taxi. Man setzt sich in ein Taxi und ... nein, stopp. Man hält erst einmal ein Taxi an und fragt, ob der Taxometer funktioniert. Man fragt es deshalb, weil man sicher sein kann, dass er nicht funktioniert. Man möchte, sagen wir mal, zum Sheirut-Bahnhof fahren. Als geübter Israeli fragt man nun, was die Fahrt kostet. Im Kopf hat man den realistischen Preis von fünfundzwanzig bis dreißig Schekel.

Also einfach einem Platz, an dem viele Sheirut-Kleinbusse stehen.

»Sechzig«, wird der Taxifahrer nachdenklich antworten. Die Zahlen waren das Erste, was ich auf Hebräisch gelernt habe. »Siebzig wahrscheinlich, ist gerade so viel los auf den Straßen, man kommt überhaupt nicht durch«, fügt er womöglich hinzu. Dies ist insofern interessant, als dass es zum Beispiel gerade spätabends ist, womöglich sogar Freitagabend, wo kaum ein Auto fährt.

Nun erstaunt die Antwort einen geübten Israeli aber nicht.

Als geübter Israeli ist man auch immer ein professioneller Schauspieler.

»Siebzig? Siebzig? Für siebzig komme ich nach Tel Aviv!« Was natürlich ebenso wenig zutrifft wie der viele Verkehr, gerade jetzt, in dieser Minute.

»Na, dann geh, such dir einen Taxifahrer, der dich für siebzig nach Tel Aviv bringt«, wird man gelassen antworten. Aber nicht dieser Logik folgend weiterfahren. Stattdessen beleidigt im Handschuhfach kramen.

»Für zwanzig würde ich fahren«, murmele ich als geübte Israelin vor mich hin, als würde ich gerade darüber sinnieren, was ein guter Preis sein könnte.

»Für zwanzig?«, schaut er schockiert vom Handschuhfach auf, denn auch er ist ein professioneller Schauspieler. Beide warten wir noch auf das Angebot aus Hollywood. »Zwanzig? Für zwanzig würde ich mich ja nicht einmal zwei Meter bewegen! Wer fährt denn für zwanzig? Fünfzig, und das ist mein letztes Angebot, und das auch nur, weil man Gutes tun soll.« Sagt G"tt respektive Allah, jedenfalls eine höhere Instanz, die in diesem Land immer ein Argument ist.

Aber auch von höheren Instanzen lasse ich mich nicht beeindrucken. »Fünfzig kommt nicht infrage! Zwanzig, oder ich such mir jemand anderen.«

»Dann such dir jemand anderen!« Herausfordernder Blick, den ich nicht einmal einer Antwort für würdig erachte. Entschlossen beginne ich, mich entlang des Gehwegs vom Taxi zu entfernen, und zähle dabei. Eins, zwei, drei, vier ... Spätestens bei sieben hat er mich eingeholt, offene Beifahrertür, versteht sich. »Okay, vierzig?«

»Fünfundzwanzig?«

»Fünfundzwanzig? Ich habe Kinder zu ernähren! Magst du keine Kinder? Die brauchen etwas zu essen, Schuhe, Kleidung!«

»Fünfundzwanzig. Sonst such ich mir jemand anderen!«

»Dann such dir jemand anderen!«, und nun macht er sich auf den Weg fort von mir. Ganze zwei Meter weit rollt er wahrscheinlich im Leerlauf in Schneckengeschwindigkeit von mir weg. Beifahrertür, wieder mal, weit geöffnet.

So langsam, wie es mir möglich ist, hole ich ihn ein. »Dreißig?« Und so weiter. Wir einigen uns auf fünfunddreißig, denn eine waschechte Israelin bin ich dann doch noch nicht.

Dies alles erkläre ich meinem Besuch aus Deutschland, bevor Dein Vater und ich uns auf den Weg zu meiner Cousine machen. Der Besucher soll allerdings erst später nachkommen, weil ich ihm das mehrgängige Menü und die zahlreichen besorgten Fragen nach unserem Leben in Deutschland seitens meines Großonkels, meiner Großtante und weiterer Verwandter ersparen will. Der Besucher soll erst auftauchen, wenn »die Erwachsenen« gegangen sind und wir mit meiner Cousine und ihrem Freund ausgehen können. Die Fahrt koste ungefähr fünfundvierzig Schekel, mehr dürfe er auf gar keinen Fall zahlen, trichtere ich ihm ein. Er beruhigt mich, er habe schon Asien, arabische Länder und Kuba bereist. Er kenne sich mit handelnden Taxifahrern aus. Von mir will der Taxifahrer erst einmal hundert haben. Als ich ihn nach einiger Zeit auf fünfundvierzig heruntergehandelt habe, fühle ich mich bereit und so weit, die israelische Staatsbürgerschaft zu be-

Irgendwann zwischen dem zweiten und dem dritten Gang wird Dein Vater den älteren Herrschaften in der Familie erzählen, dass er Journalist ist, und mein Großonkel wird erstaunt sein Besteck beiseitelegen und auf Jiddisch fragen: »Und die Daitschen lassen a Jidden machen die Neues?«

Ist man als Mutter nicht zu alt, um »die Erwachsenen« zu sagen, wenn man von älteren Verwandten spricht?

Kommentar zum Kommentar: Aber wie nenne ich sie sonst? Die Alten?

antragen. Später erzählt mir mein erstaunter deutscher Besuch, er habe mit dem Taxifahrer gehandelt und gehandelt und gehandelt und immerhin fünfundsechzig herausbekommen, für dieselbe Strecke, die ich gefahren bin.

»Wovon sprecht ihr?«, will meine Cousine wissen, die kein Deutsch versteht.

»Über den Taxipreis zu euch!«

»Was habt ihr denn bezahlt? Es kostet dreißig Schekel!«, antwortet sie.

Abgeschweift. Mal wieder abgeschweift. Ist das eine jüdische Eigenschaft? Kann ich das behaupten, um darüber hinwegzuschummeln, dass mir das Zurück zum eigentlichen Thema schwerfällt?

> Das eigentliche Thema, das was ist? Verkehrsmittel? Taxis? Israel? Juden?

Man steigt also ins Taxi ein, nachdem nun zwischen fünf und fünfzehn Minuten verhandelt wurde, und lässt sich zum Sheirut-Bahnhof fahren, man schaut aus dem Fenster, kramt schon mal im Portemonnaie nach Geld, bis der Taxifahrer sich plötzlich gegen die Stirn schlägt. »Das tut mir ja so leid, ich habe das vollkommen vergessen, die Sheirutim fahren heute nicht!« Die Gründe hierfür können vielfältig sein. Schabbat. Nichtschabbat. Nur dem Taxifahrer bekannte Feiertage. Streiks. Weltuntergänge. »Wie konnte ich das nur vergessen? Wo wolltest du denn hin? Ach, das tut mir so leid! Nach Tel Aviv? Was machen wir denn jetzt? Eigentlich habe ich ja gar keine Zeit, aber weil es jetzt praktisch meine Schuld ist, dass ich dir nicht sofort gesagt habe, dass die Sheirutim heute

> Der Schabbat hat auf die Arbeit der Sheirutim keine Auswirkungen, denn die Fahrer dieser sind Privatunternehmer und unterstehen somit nicht dem Staat und somit nicht der Religion wie etwa die Busgesellschaft.

streiken, werde ich mir heute die Mühe machen und dich nach Tel Aviv bringen. Zu einem Spottpreis, der sozusagen dem der Sheirutim entspricht.«

> Ein in Israel immer realistischer Grund, denn die Israelis streiken sehr gern.

Wie nett und hilfsbereit die Taxifahrer in Israel doch sind!

Fast ebenso nett wie die Sheirutim-Fahrer, die sich auf dem Weg zum Busbahnhof immer sicher sind, dass die Busse heute aus bestimmten Gründen (Schabbat, Feiertag, Streik, Attentatswarnung, Weltuntergang) nicht fahren, weshalb sie sich heute ausnahmsweise mal die Mühe machen würden ...

Viertens: das Auto. Mein hebräisches Lieblingswort heißt: »Chikchuk«. Es heißt so viel wie schnell und ist eigentlich auf ganz Israel anwendbar. Alles ist hier »chikchuk«, wie die Menschen essen, reden, leben, Auto fahren sowieso.

Einmal fragte ich David, warum er so fährt. Ich hielt mich dabei fest wie in der Achterbahn und keuchte wie auf einem Crosstrainer, aber vor Angst. David hingegen steckte sich seelenruhig noch eine Zigarette an, die vierte bereits, bevor er mir eine Antwort gab.

David, mein israelischer Taxifahrer, dessen Handynummer ich am ersten Tag in die Hand gedrückt bekam und den ich nun anrief, wenn ich irgendwohin wollte.

Seine Antwort lautete: »Wieso, wie fahre ich denn?«

Mein erster Reflex war, ihn groß anzuschauen, Erstaunen und Ungläubigkeit in meinen Blick zu legen, aber ich behielt lieber die Straße im Auge. Irgendjemand musste es ja tun.

David tut es nie. David tippt in eines seiner drei Handys eine SMS, eines beruflich, eines privat und eines »einfach so«, pafft, ohne das Fenster zu öffnen, gerne zeichnet er auch irgendwas für mich auf liegen gelassenen Quittungen seiner Fahrgäste. Selten umfasst eine seiner Hände das Lenkrad. Beide tun es nie.

> Eigentlich ist David nämlich Geograf, weshalb ich zwar mit Angstschweiß, aber auch mit neuen Erkenntnissen über die Gesteinsarten in diesem steinigen Land sein Auto verlasse.

David fährt, wie alle Israelis eben fahren, und versteht meine Frage nicht. Die Funktion des Blinkers scheint man hier noch nicht entdeckt zu haben, dafür ist es wohl strafbar, wenn man länger als ein paar Sekunden in derselben Fahrspur bleibt. Will man besonders nett sein, gibt man mit der aus dem Fenster hängenden Hand das Zeichen, dass man abbiegen beziehungsweise die Spur wechseln will, allerdings wird die Richtung dabei nicht klar, denn der Fahrer kann ja nur sein eigenes Fenster erreichen. Wenn irgendwo »Slow down« auf einem Schild steht – vor allem kurz vor Jerusalem wird es hügelig und kurvig –, gibt man Gas. In Minutenabständen hupen die Fahrer, selbst wenn sie alleine auf der Straße sind. Hier schlängeln sich Busse zwischen den Spuren und anderen Autos hin und her wie in Deutschland die Motorräder.

In Israel habe ich ständig »Beinaheunfälle«. Ereignisse, von denen ich in Deutschland aufgeregt erzählen würde, und um die sich hier keiner außer mir schert. Ein Škoda drängt uns in die Stoppspur, wir rasen erst beinahe gegen den Absperrbalken und fahren von dort direkt in die dritte Spur, als bögen wir nach links ab. Ein Hupkonzert von allen Seiten, das David nicht davon abhält, mir die Beschaffenheit der Golanhöhen zeichnerisch zu erklären. Auf Davids Visitenkarte steht: Geograf – Taxifahrer.

»Wieso, wie fahre ich denn?«

Das sagt auch Tahir, mein anderer Lieblingstaxifahrer, ein arabischer Israeli, ich mag sie beide gleich gern, der politischen Korrektheit wegen.

Tahir zeichnet nicht, aber Tahir bringt mir etwas über Musik bei. Dazu wechselt er minütlich die CDs, wir haben noch kein Lied zu Ende gehört. Tahirs Auto sieht aus, als hätte es viele Unfälle gesehen, meiner Meinung nach kommt bei jedem unserer Wiedersehen eine Beule dazu. Tahir bringt mir selbst gemachte Weinblätter von seiner Mutter mit.

Ein paar davon isst er, während wir auf der Autobahn einen Jeep von rechts überholen, in einer dieser Kurven, vor denen »Slow down« steht. Wir fahren hundertdreißig Stundenkilometer, die Höchstgeschwindigkeit in Israel liegt bei neunzig, selten sind hundert Stundenkilometer erlaubt. »Ich bin eher ein langsamer Autofahrer«, warnte mich Tahir anfangs vor.

Tahir lacht, wenn ich sage, ich esse die Weinblätter zu Hause. Er zeigt auf meine verkrampfte Faust am Türgriff und sagt, ich müsse mich nicht festhalten. Auf die Straße schaut er dabei nicht. Der Schlüssel zu einem solchen Fahrstil, so meine ich herausgefunden zu haben, liegt darin, dass man alle anderen Fahrer ausblendet, man fährt, als wäre man allein auf der Straße.

Es funktioniert, sagen die Israelis.

Aber wenn man über Selbstmordattentate spricht, erzählen sie einem immer stolz, um wie viel höher die Wahrscheinlichkeit ist, bei einem Autounfall ums Leben zu kommen als bei einem Selbstmordattentat. Als wäre die erste Zahl eine Leistung, ein vorzeigbares Ergebnis.

Tahir und David haben wahrscheinlich unterschiedliche politische Ansichten, aber in zwei Dingen ähneln sie sich ungemein: in ihrem Fahrstil und in ihrer Vorstellung, die deutschen Autos – insbesondere Mercedes – seien die besten Autos der Welt.

»Germany – Mercedes«, sagt Tahir immer wieder seufzend, sein Englisch ist nicht so gut.

»Germany – Quality. Good Quality. Mercedes. Not Škoda«, sagt David immer wieder, sein eigenes Auto mit einer Mischung aus Bedauern und Angewidertsein betrachtend.

Das Gespräch mit Taxifahrern in der ganzen Welt beginnt mit der Frage, aus welchem

Land man komme. In Israel endet es nach meiner Antwort immer mit einem langen Vortrag der Taxifahrer zum Thema deutsche Autos. Die deutschen Autos kommen sehr gut weg dabei. Zwischen den Autos kommen der FC Bayern München und Angela Merkel gut weg. Ich schweige mal lieber zu beidem. Jungen Israelis fällt im Zusammenhang mit Deutschland nur ein Wort ein: Berlin. Berlin ist in Israel das, was früher einmal New York war, hipp, cool, the city to be. Die Enttäuschung darüber, dass ich zwar in Deutschland lebe, aber dann unverständlicherweise in München anstatt in Berlin, ist so groß, dass ich nach einer Weile zu lügen beginne und »Berlin« sage, wenn ich nach meinem Wohnort gefragt werde. So entgehe ich dem schockierten »Lama?«-Ausruf, der jedem »München« folgt. Ich habe Bücher gelesen über Israelis, deren Eltern nach dem Holocaust nach Israel geflohen waren und ihren Kindern den Kauf deutscher Produkte verboten oder auch nur die namentliche Erwähnung des Landes. Nun höre ich mir an, wie großartig Berlin, Mercedes, der FC Bayern und Angela Merkel sind.

Fünftens: der Zug. Ich sage »der Zug«, nicht Plural »die Züge«, weil es nur einen Zug gibt. Er fährt hauptsächlich zwischen Tel Aviv und Haifa und vielleicht an ein paar andere Orte, die keiner kennt, er hält auch am Flughafen. So genau weiß das keiner. Jeder Isra-

> Und weil alles auf der Welt ein Spiegelbild hat, ist in der deutschen DJ-Szene Tel Aviv mit den vielen Klubs, Partys und dem schönen Strand angesagt. Hipp, cool, the city to be.

> Warum?

> Der Israel-Mythos, der aufrechterhalten werden muss: Wir können alles! Wir produzieren alles selbst, wir verteidigen uns selbst, wir forschen selbst, und wir können Ski fahren, ohne unser Land verlassen zu müssen, obwohl es in der Wüste liegt.
>
> Kommentar zum Kommentar: Ich glaube ja, dass der Skilift der eigentliche Grund dafür ist, warum die Israelis so sehr an den Golanhöhen festhalten.

eli hingegen weiß ganz genau, dass es eine Eisenbahn in Israel gibt, und ist ähnlich stolz darauf wie auf den Skilift in den Golanhöhen. Die Israelis lieben ihre Eisenbahn, aber sie benutzen sie nie. Ein Wunder ist das nicht. Ich fahre in Israel nur deshalb Zug, weil ich so viel darüber gehört habe, dass ich meine, das gehöre zu den israelischen To-Dos. Dabei finde ich Folgendes heraus:

1. Die Züge sind sehr teuer.
2. Die Züge fahren sehr selten.
3. Die Züge fahren sehr langsam. So langsam, dass ich nebenherlaufen könnte. Mit dem Zeitaufwand, den ich in Tel Aviv bis zum Bahnhof, dort beim Warten und anschließend im Zug verbracht habe, hätte ich mit dem Bus schon zwei Mal hin und her fahren können. Sehnsüchtig betrachte ich ein Kamel, das ich durchs Zugfenster sehe. Was für schnelle Tiere diese Mehrhöcker doch sind!

4. Außer mir und zwei amerikanischen Touristen fährt niemand Zug. Die Israelis sind zu intelligent, um ihre Züge zu benutzen.

Später erzählt mir eine Freundin, dass vor dem Ausbau der Haupteisenbahnstrecke eigens ein Ministerium dafür eingerichtet wurde. Mehrere Jahre lang bestand die Arbeit des Ministers darin, durch verschiedene Länder zu fahren, sich die dortigen Eisenbahnnetze anzuschauen und zu lernen. Am Ende kam das israelische Eisenbahnsystem heraus.

Während ich darüber lache, lacht sie mich aus, weil ich tatsächlich Zug gefahren bin.

Ein kluges Völkchen, diese Israelis.

Alle paar Jahre funktioniert keines der Verkehrsmittel, weil eine Katastrophe passiert. Katastrophe nicht im Sinne von Krieg, Raketen, Selbstmordattentat, sondern im Sinne von Schnee.

In Jerusalem herrscht Schneechaos. Seit Tagen sind wir dafür gewappnet.

»Vielleicht schneit es in den nächsten Tagen!«, heißt es im Wetterbericht, und tagelang ist das Vielleicht das Thema der Stadt. Vor vier Jahren hat es dreizehn Minuten lang in Jerusalem geschneit, erzählen mir die Israelis mit einem Stolz in den Augen, der sonst nur beim Singen der *HaTikwa* aufkommt. Damals stand die Stadt still: keine Busse, keine Schule, keine Universität. Wie Schabbat, ohne Samstag, aber mit Schnee.

Der Schnee fällt an einem Vormittag. »Schnee!«, kreischt unsere Hebräischlehrerin und holt ihre Kamera heraus, die sie seit Tagen in der Hoffnung auf Schnee mitbringt. Sie soll den Schnee für ihre Kinder in Tel Aviv fotografieren, denn auch wenn das Land so klein ist wie Hessen, bedeutet Schnee in Jerusalem mit hundertprozentiger Wahrscheinlichkeit kein Schnee in Tel Aviv. Ihr Sohn hat Angst vor Schnee. »Tut Schnee weh?«, hatte er seine Mutter gefragt. Im Nu ist die Universität leergefegt, bei Schnee *no*

Ich habe lange überlegt, ob ich »diese Juden« schreiben soll, aber ich will ja Juden nicht mit Israelis gleichsetzen. Aber sind die Israelis dann ein Volk neben den Juden? Können zwei Völker Überschneidungen haben?

Kommentar zum Kommentar: Fragen über Fragen, die ich Dir beantworten sollte und stattdessen Dir stelle. Mein Sohn, ich hoffe, Du wirst ein Kluger sein!

Nationalhymne; wörtliche Übersetzung: Hoffnung.

school. Es könnte ja sonst was passieren. Das »sonst was« kann keiner näher definieren.

Schnee bedeutet hier: ein paar Flocken, die im Fallen schon tauen.

In diesem Schnee stampfe ich also nach Hause. Er nervt mich. Schnee gibt's in Deutschland, in Israel will ich Palmen und Sonne.

Zu Hause rennt meine russisch-israelische Mitbewohnerin kreischend und schreiend in die Wohnung. »Schneeeeeee! Echter weißer Schneeee! Hast du ihn gesehen? Mach ein Foto von mir im Schnee!« Sie will mich umarmen mit ihren schneenassen Haaren, ich verstecke mich im Zimmer.

Mehrmals klingeln heute Nachbarn an unserer Tür. Sie wollen wissen, ob ich Handschuhe besitze, sie wollen, dass wir Bilder von ihnen machen im Schnee. Ich liege mit heißem Tee unter meiner Decke und bin genervt.

> Ich komme ja aus Deutschland. In der Vorstellung dieser Israelis trage ich das ganze Jahr über Handschuhe.

»Schneeeee!«, schreit kurze Zeit später meine andere Mitbewohnerin. Ohne anzuklopfen kommt sie in mein Zimmer: »Hast du Handschuhe? Wir wollen einen Schneemann bauen!« Schneemann. In. Jerusalem. Warum?

Ich mache mich auf den Weg in die Stadt auf der Suche nach einem Heizlüfter. Wir haben ein Sicherheitsbunkerzimmer in der Wohnung, aber keine Heizung.

Auf den Straßen knipsen Israelis jede einzelne Schneeflocke. Erwachsene veranstalten Schneeballschlachten, als seien sie auf Drogen. Kinder berühren den Schnee anfangs zaghaft, vorsichtig, ehrfürchtig. Ich kaufe den größten Heizlüfter, den es gibt.

Mein Heizlüfter und ich kommen dann fast nicht nach Hause. In den Schneemassen, die den deutschen mittlerweile zur Ehre gereichen, warten mein riesengroßer Heizlüfter und ich auf einen Bus. Dann auf ein Taxi. Dann auf ein Auto, das netterweise hält und uns mitnimmt. Nichts fährt, denn es gibt Schnee. Mit uns zusammen warten viele Israelis. Sie strahlen beim Warten, denn es herrscht Schneechaos. Schneechaos verwandelt hierzulande erwachsene Menschen in Jugendliche auf Ecstasy. Ach, es fährt nichts mehr, wie aufregend ist das! Das ist, weil Schnee liegt! Wir haben Schnee, Schnee, Schnee! Dem Heizlüfter und mir ist fürchterlich kalt.

> Tatsächlich eine Sensation.

Die Heimfahrt im Taxi, in das ich nur steigen kann, weil ich mich wie eine echte Israelin ohne Rücksicht auf Opfer an allen vorbeidränge, kostet mehr als der Heizlüfter. Sechzig Schekel, *snow price*, sagt der Taxifahrer, und da die Warteschlange auf eines der wenigen Fahrzeuge, das sich hinaus in den Schnee traut, riesig lang ist, traue ich mich nicht zu diskutieren. Zu Hause liege ich im warmen Pulli unter einer Decke, der Heizlüfter strahlt mich an. Himmlisch.

»Schneeeee!«, schreit mein israelischer Mitbewohner, als er in mein Zimmer gerannt kommt und mich voller Glück – in seiner schneenassen Jacke – umarmt.

Sechstens: Flugzeuge. Flugzeuge sind in Israel von besonderer Bedeutung, denn sie erlauben es Israelis, ihr Land zu verlassen.

Nun könnte man sagen, jedes Land lässt sich auch auf herkömmliche Weise verlassen, aber leider ist Israel wahlweise von Wasser oder von nicht gerade freundlich gesinnten Wüstenstaaten umgeben. Ben Gurion, Israels nach seinem Gründer benannter Flughafen, gilt als einer der am besten gesicherten der Welt. Weshalb man viel Zeit mitbringen muss, möchte man das Land verlassen. Zeit zum Erzählen, Zeit zum Verhörtwerden.

Nichts macht einen Nichtisraeli israelischer als ein rosa Aufkleber. Kommt man am Ben Gurion an und stellt sich in die jeweilige Check-in-Schlange, wird man von jungen Damen und Herren befragt, die nett erscheinen und niemals nett sind, aber immer gut aussehen. Entsprechend seinen Antworten bekommt man einen bunten Aufkleber auf den Pass, der einen in eine Schublade ordnet: hochgefährlich, mittelgefährlich, normalgefährlich, Israeli. Ich glaube, es gibt insgesamt sechs Farben. Den rosafarbenen Du-bist-einer-von-uns-Aufkleber bekommen die israelischen Staatsbürger und manchmal auch ich.

> Aber nicht die mit einem arabischen Namen, nehme ich an.

Die Fragen, die man von den nicht so netten, aber immer gut aussehenden jungen Damen und Herren gestellt bekommt, können an diejenigen bei der Ausreise aus den

USA erinnern (Was haben Sie hier gemacht? Wo haben Sie gewohnt? Kennen Sie jemanden in Israel? Haben Sie Ihr Gepäck selbst gepackt? Hat Ihnen jemand was mitgegeben?) und von diesen komplett abweichen (Was hat Ihnen hier geschmeckt? Kann ich mal die Bilder sehen, die Sie hier geknipst haben? Was bringen Sie Ihrer Mutter als Geschenk mit?).

Ich bin Profi. Ich weiß, dass es hilft, wenn man Hebräisch spricht, egal, wie gebrochen es ist. Ich weiß, dass es hilft, Namen fallen zu lassen, jüdische oder israelische Namen.

Der junge, gut aussehende, nicht allzu freundliche Mann: »Was haben Sie in Israel gemacht?«

Ich: »Ich studiere hier. Ein bisschen. An der Hebrew U.«

Der junge, gut aussehende, etwas freundlichere Mann: »Also wohnst du in Jerusalem?«

Ich, cool: »Ja.«

Der junge, gut aussehende, etwas freundlichere Mann: »Und kennst du auch Leute hier?«

Ich, immer noch cool: »Klar. Freunde. Aber auch Verwandte.«

Der junge, gut aussehende, etwas freundlichere Mann: »Verwandte wo?«

Und jetzt gibt es nur eine einzige richtige jüdische Antwort: »Na, überall. Onkel Arik in Haifa und Tante Mila in Beer Scheva und Onkel Awraham in Bat Yam und Tante Natascha in Ramat Gan und ...«

Und sieh da, just in dem Moment, als ich das schreibe, wird in Deutschland darüber diskutiert, ob man diese Art von Profiling (so nennt man das also!) auch an deutschen Flughäfen durchführen soll.

Der junge, gut aussehende, der fast schon freundliche Mann: »Und wer hat dich hergebracht?«

Ich, selbstverständlich: »Ein Sheirut!«

> Kenner nehmen den Sheirut zum Flughafen, Anfänger ein Taxi.

Der junge, gut aussehende, nette Mann: »Und wenn du in Jerusalem bist, in welche Bars gehst du da?« Ab dem Moment, in dem ich nicht mehr unterscheiden kann, ob die Frage noch zum Verhör oder schon zur Anmache gehört, weiß ich, dass ich einen rosafarbenen Aufkleber bekomme. Keine Fragen mehr, Bordkarte abholen und ab ins Flugzeug.

Profi, der ich bin, habe ich Deinen Vater genauestens vorbereitet, als er nach seinem Besuch bei mir wieder nach Deutschland zurückflog. Fachmännisch erklärte ich ihm: »Du musst erwähnen, wen du hier alles kennst, du musst unbedingt sagen, dass deine Freundin an der Hebrew U studiert, du musst ein paar jüdische Worte fallen lassen. Lass sie wissen, wer du bist, steh zu deinem Judentum, sei einer von uns! Erwähne bloß nicht, dass einer deiner Koffer mit meinen Sachen vollgestopft ist, die du für mich mit zurück nach Deutschland mitnehmen sollst, vor allem mit Büchern, die ich hier angeschafft habe. Nichts mögen die unnetten, gut aussehenden Damen und Herren vom Flughafen weniger als Gepäck, das man für jemanden mitnehmen soll.«

Der junge, gut aussehende, unfreundliche Mann: »Was haben Sie in Israel gemacht?«

Dein Vater, cool: »Meine Freundin besucht. Die studiert an der Hebrew U.«

Der junge, gut aussehende, unfreundliche Mann: »Und wo ist Ihre Freundin jetzt?«

Dein Vater, cool: »Dort drüben wartet sie, an der Absperrung …«

Und dann Dein Vater, nicht mehr so cool: »Da stand sie bis eben, wirklich … Genau da! Sie kommt bestimmt gleich wieder.«

Aber natürlich komme ich gleich wieder, ich bin ja nur los, um Deinem Vater Kaugummis zu kaufen gegen den Ohrendruck beim Starten und Landen.

Der junge, gut aussehende, inzwischen sehr unfreundliche Mann: »Und wen kennen Sie sonst noch in Israel?«

Dein Vater, um seine Coolness ringend: »Viele. Freunde und Verwandte.«

Der junge, gut aussehende, inzwischen noch unfreundlichere Mann: »Verwandte wo?«

Dein Vater, leicht aufgeregt: »Überall. In ganz Israel.«

Und weil das keinen Eindruck auf den jungen, gut aussehenden, sehr unfreundlichen Mann macht, nicht mehr ganz so cool, dafür etwas mehr verzweifelt: »Ich bin Jude.«

Der junge, gut aussehende, unfreundliche Mann: »Gehen Sie in Deutschland manchmal in eine Synagoge?«

Dein Vater: »Ja, manchmal«, denn manchmal ist ein sehr dehnbarer Begriff.

Der junge, gut aussehende, unfreundliche Mann: »Und wie heißt die?«

Der übrigens damals noch lange nicht Dein Vater war, weil es Dich ja auch noch lange nicht gab.

Dein Vater, mit seinem schlechten Gedächtnis: »Ähm... ähm... Irgendwas mit Shalom?«

An dieser Stelle tauche ich wieder an der Absperrung auf, eine Packung Kaugummis in der Hand, dafür taucht der junge, gut aussehende, unfreundliche Mann ab, um mit einer jungen, gut aussehenden, ebenfalls unfreundlichen Dame zu tuscheln, die entschlossenen Schrittes auf Deinen Vater zugeht, ihm einen blauen Aufkleber auf den Pass klebt und ihn wegbringt: Wo er weiter gelöchert wird, wo er gezwungen wird, seine Koffer aufzumachen und vorzuzeigen und all meine Bücher Seite für Seite gescannt werden und zu noch mehr Fragen führen und Dein Vater anfängt zu schwitzen, weil er sein Flugzeug beinahe verpasst.

Und Dein Vater ist, wie wir wissen, kein ordentlicher Packer.

Dialog im Hinterzimmer: Dein Vater: Ich verpasse gleich meinen Flieger. Die jungen, gut aussehenden, unfreundlichen Beamten: Schweigen.

Siebtens: Fahrräder. Dazu kann ich dir leider nichts erzählen, denn ich habe in Israel keines gesehen.

Und achtens: Unabhängig von seinen Verkehrsmitteln freue ich mich darauf, Dir das Land zu zeigen!

Du lebst in Deutschland, ist Dir das eigentlich klar?

WIE IST ES, ALS JUDE IN DEUTSCHLAND ZU LEBEN?

Na, wie ist es, Mischa? Nein, warte mit dem Antworten, ich möchte, dass Du Dir die Antwort genau überlegst. Was Du jetzt sagen wirst, ist von großer Bedeutung. Denn es scheint eine wichtige Frage zu sein. Für mich persönlich weniger, aber für viele andere Menschen in diesem Land. Deshalb wird sie meist langsam und eher leise gestellt, so als wüssten die Fragenden nicht genau, ob es politisch oder sogar menschlich korrekt ist, sie zu stellen. So, als würden sie fragen: »Und, wie war es, als du mitten in deiner Herzoperation aus der Narkose aufgewacht bist?« Es klingt, als befürchteten sie, zu neugierig zu wirken, wüssten dann aber doch zu gerne die Antwort und fürchteten diese ein wenig.

> Wie bei einem Unfall, wo man eigentlich wegsehen sollte, aber dann doch ein bisschen spickt.

Nur, dass ich und Du und andere wie wir ja weder eine Herzoperation hatten noch mittendrin aus der Narkose aufgewacht sind. Wir sind eben Juden und leben in Deutschland. Das ist doch nicht so schlimm.

Müsste man meinen.

Gut, zugegebenermaßen war dies mal anders, es gab mal Zeiten, da hätte einem nichts Schlimmeres passieren können, als Jude zu sein und in Deutschland zu leben. Aber das ist nun fünfundsechzig Jahre her.

Oh, oh. Hat sie das tatsächlich gerade gesagt? Man darf Geschichte nicht vergessen, niemals! (Eine jüdische Stimme.)

Oh, oh! Hat uns endlich, endlich eine Jüdin die Absolution erteilt? Das ist doch längst Geschichte! (Eine Stimme, die ich ungern höre.)

Weder – noch. Ich sage ja nur, ganz vorsichtig, dass heute nicht mehr 1945 ist. Das ist eine mathematische Tatsache, an solchen halte ich mich fest. Das nur schon mal vorweg.

Und sonst? Ach ja: WIE IST ES, ALS JUDE IN DEUTSCHLAND ZU LEBEN? Manchmal auch vorgetragen in einem halb herablassenden, halb vorwurfsvollen Ton von der Verwandtschaft aus Israel, den besseren Juden, die sich nicht im Land der Täter erholen, sondern das Land der Juden aufbauen. Oder wie meine Cousine, die erst in Israel lebte und inzwischen die gelobte jüdische Heimat gen Kanada verlassen hat. Beim Besuch hier in Deutschland, als wir zusammen auf der Blumeninsel Mainau waren, sagte sie: »Sehr schön ist es hier, aber seht ihr denn nicht, dass ihr auf jüdischem Blut wandelt?« Ich sah kein Blut, ich sah Blumen.

> Diesen Satz wiederholte sie öfter, ohne zu merken, dass er an Drama verlor.

Also, solange mir keiner diese Frage stellt, lebe ich hier ganz gut. Als Jüdin und als Mensch, also einfach als ich. Aber diese Antwort ist, glaube ich, nicht interessant.

Weil sie nicht vergessen konnten, wollten, durften, haben die Juden hierzulande jahrelang ihre Koffer nicht ausgepackt, den mahnenden Finger in die Höhe gehoben, vor Assimilation gewarnt und immer wieder gedroht, nach Israel auszuwandern, diese Drohung dann sonderbarerweise aber nur selten wahr gemacht. Manche sind doch ausgewandert, aber nur, um bald wieder zurückzukehren.

> Warum?

Im Namen des Nichtvergessens haben die Nichtjuden gelernt, das Wort »Jude« besser vorsichtshalber nicht in den Mund zu nehmen und dafür besonders zuvorkommend zu »den jüdischen Mitbürgern« sowie »den Nachbarn jüdischen Glaubens« zu sein. Im Namen des Vergessens konnten dann einige dieses Thema irgendwann nicht mehr hören. Zwischendurch sehnte man sich nach der deutsch-jüdischen Symbiose zurück, an die sich keiner mehr erinnern konnte.

> Kann ich jetzt »verständlicherweise« hinzufügen, oder führt das in die falsche Richtung?

Und ich? Ich darf nichts sagen, ich habe ja nichts erlebt. Ich darf mir nichts anmaßen, denn ich wurde 1981 geboren, das sind sechsunddreißig Jahre nach der Schoah. (Allerdings in einem Land, das es in seiner damaligen Form nicht mehr gibt, in einer Stadt, die nicht mehr so heißt wie damals zu meiner Geburt.)

> Wer seine Betroffenheit oder sein Wissen um dieses Thema gerne vorführen möchte, sagt Schoah, nicht mehr Holocaust.

Ich will mir nichts anmaßen, aber für mich war eine der schönsten Arten der Erinnerung die, als die australische Schoah-Opfer-Nachfahrin zusammen mit ihrem Vater, dem Opfer, und ihren Kindern nach Auschwitz

> Leningrad, Sowjetunion gibt es nicht mehr, also bin ich gezwungen, die Unwahrheit zu sagen, wenn ich nach meinem Geburtsort gefragt werde.

fuhr und dort ein Amateurmusikvideo zur Musik von *I Will Survive* drehte. Viele fanden es pietätlos. Manche fanden es effekthascherisch, da die Tochter eine Aktionskünstlerin ist. Ich musste weinen, weil der gebrechliche alte Mann, der die Tanzschritte seiner Enkel nicht immer nachahmen konnte, dort, »auf dem jüdischen Blut«, das Leben feierte. Und sagte: Wir haben überlebt!

Denn ja, wir Juden haben überlebt! Wir haben überlebt, und jetzt leben wir hier in Deutschland, und Du, der Du fast Schlomo Adolf Grinblum geheißen hättest, bist hier auf die Welt gekommen und wirst ein selbstbewusster Junge sein, der in Deutschland aufwächst und Jude ist, und das würde einem gewissen Adolf Hitler und seinen Freunden gar nicht gut gefallen, und das ist gut so. Nein, wir leben hier nicht, um etwas zu beweisen, sondern weil wir hier gelandet sind. Aber wir leben hier, und wir leben gerne hier, und wir freuen uns des Lebens, und das ist kein Verrat an unseren ermordeten Verwandten, sondern ein Triumph, den wir ihnen schulden.

> Du sowieso, du gut gelauntes, fröhliches Kind!

Ich sage das, und ich weiß, ich habe nichts erlebt.

Aber Du bist mein Sohn, mein nichts ahnender kleiner Junge, und ich muss mir nicht nur Gedanken darüber machen, wie ich Dich über Sex aufkläre, wie alle anderen Eltern, sondern auch, wie ich Dir den Begriff »Schoah« erkläre, und auch, warum Deine

> Das hoffe ich doch!

> Und es gibt keine Bücher, die einem helfen, den Horror kindgerecht zu beschreiben.

Freunde vielleicht mehr lebende Verwandte haben als Du.

WIE IST ES, ALS JUDE IN DEUTSCHLAND ZU LEBEN?

Alle reden von Normalität, aber Normalität ist, wenn man diese Frage nicht mehr stellen muss. Vielleicht sind wir ja eines Tages so weit. Vielleicht wirst Du ja eines Tages sagen: »Mama, was für ein Blödsinn! Ich wurde das noch nie gefragt!«, und mir fällt kaum etwas ein, was mich mehr freuen würde. Wir sind eine neue Generation, Du noch mehr als ich.

> Und ist Normalität etwas Wünschenswertes?

Ich werde mit Dir über den Holocaust sprechen und mit Dir trauern und mir dann die Zeit nehmen und Dir noch viele andere Dinge aus der jüdischen Geschichte erzählen, denn stell Dir vor, sie fing nicht 1933 an und hörte nicht 1945 auf.

So sehr möchte ich auf die Frage »Wie ist es, als Jude in Deutschland zu leben?« »nichts Besonderes« antworten, dass ich vergesse, dass es doch auch spannend sein kann, etwas Besonderes zu machen, zu sein, zu denken. So große Angst habe ich, die geschichtstragende Jüdin zu sein, dass ich lieber gar keine bin?

> Und ist das der Grund, warum ich nicht so gerne darüber sprach, was ich hier schreibe?

Das kann es wohl auch nicht sein. Weder für Dich noch für mich.

WIE IST ES, ALS JUDE IN DEUTSCHLAND ZU LEBEN?

Eine Zeit lang verbrachte ich in Toronto, wo ich einen Redakteur der *Canadian Jewish*

News kennenlernte. Eines Tages fragte ich ihn, wie es sei, als Jude in Kanada zu leben.

»Was meinst du?«, antwortete er verständnislos.

»Wie ist es, als Jude in Kanada zu leben?«, wiederholte ich, weil ich dachte, er habe mein Englisch nicht verstanden.

»Was meinst du? Wie soll es sein?«, fragte er noch einmal nach.

Das fand ich schön.

Der wieder mal nicht gelungene Versuch einer kurzen Zusammenfassung

Und was wollte ich Dir mit all dem sagen?

Dass wir sonderbar sind? Das wirst Du bereits erkannt haben. Wir, die wir selbst so häufig nicht wissen, wer zum Klub der – nicht freiwillig – Auserwählten dazugehört und wer nicht. Letztens sagte Dein Onkel bei einem unserer gemütlichen Familienabendessen, die in der Vorstellung deutlich gemütlicher sind als in der Realität, im Judentum sei es wie in der Lebensmittelindustrie: Da werde genauso gestritten, ob eine Scheibe Aufschnitt, die nur aus Fleischresten bestehe, Schinken genannt werden darf. Und was an ihm denn jüdisch sei, wo er doch nie in die Synagoge gehe und über die Religion so gut wie gar nichts wisse, fragte er in die Runde.

»Wenn deine Urgroßmutter das hören könnte! Das würde sie umbringen!«, rief meine Mutter aus, und ich gab ihr recht. Meine Urgroßmutter hieß übrigens Frumma Fejga.

Warum meine ich, Dir so vieles zu diesem Thema mitgeben zu müssen, wo mich mein Judentum doch angeblich nach eigener Aussage kaum interessiert? Ist es aus demselben Grund, warum so viele Juden, die ich kenne

In allen Familien, nicht nur in jüdischen.

Apropos: Die Schauspielerin Bette Midler, die ihren sechzigsten Geburtstag in einer Synagoge feierte, brachte einen Schokoladenkuchen mit dorthin, der wie ein Schinken aussah.

Wärest Du ein Mädchen geworden, hättest Du vielleicht Frumma Fejga geheißen. Es stand zur Debatte, mein lieber Schlomo Adolf Grinblum.

und die selbst von sich sagen, dass sie unjüdisch aufgewachsen sind und deshalb nie Juden sein werden, fast nur Bücher von jüdischen Autoren in den Bücherregalen stehen haben? Über die mokiere ich mich und behaupte, sie wüssten nicht, wer sie seien, sie verneinten die eigene Identität. Als sei ich eine bessere Jüdin! Und warum? Weil ich eine Chuppah bei meiner Hochzeit hatte? (Wenn auch keinen Rabbiner.)

> Also, wir hatten schon einen Rabbiner, es war unser nichtjüdischer bester Freund, aber er würde wohl von keiner jüdischen Instanz, auch der liberalsten nicht, als solcher anerkannt werden.
>
> Kommentar zum Kommentar: Für unsere Hochzeit war er der beste Rabbiner der Welt.

Ein jiddisches Sprichwort sagt: Wenn du lehrst, lernst du. Vielleicht habe ich deshalb diese Seiten geschrieben. Nein, ich hab sie ja für Dich geschrieben. Ich wollte Dir etwas sagen, und weißt Du, was es war?

Geh hinaus, und sei ein stolzer Jude, mein Mischa. Oder vielmehr: Geh hinaus, und sei ein guter Mensch. Aber dazu musst Du kein Jude sein. Allerdings *bist* Du ein Jude, ob Du willst oder nicht. Ich kann nichts dafür.

Geh hinaus. Oder bleib auch gerne zu Hause bei uns. Oje. Das habe ich jetzt nicht wirklich gesagt.

Geh hinaus und lebe, und hin und wieder wirst Du Dich jüdisch fühlen, ein bisschen oder viel, das wird nicht ausbleiben.

Vergiss nicht, mich ab und zu anzurufen.

Vergiss nicht Deine Ururgroßmutter Frumma Fejga. Denk daran, dass Dein Hund ein Rabbi ist. Koch Dir Hühnersuppe, wenn Du krank bist. Koch auch Deinen möglicher-

> Solltest du eine Gojin heiraten.

weise nicht halachisch-jüdischen Kindern Hühnersuppe, wenn sie krank sind.

Vergiss nicht »Schma Israel«. »Schma Israel«, »höre, Israel, unser G"tt ist der einzige G"tt«, ist das zentrale Glaubensbekenntnis der Juden und soll so häufig wie möglich gesagt werden, damit bei G"tt nur ja kein Zweifel aufkommt, dass wir ihn und nur ihn lieben – er ist da ein bisschen eigen und hat möglicherweise einen Mangel an Selbstbewusstsein, wenn er das so oft hören muss. Aber was man für seinen G"tt nicht alles tut. Wir sollen die Worte in unsere Seelen und in unsere Herzen schreiben. Wir sollen die Worte unseren Kindern erzählen, sie sagen, wenn wir zu Hause sitzen, wenn wir auf die Straße gehen, wenn wir aufstehen und uns schlafen legen. Jedenfalls sollen wir nie vergessen, wer unser G"tt ist. Als könnte uns das passieren!

Und ich, die ich mich darüber lustig mache? Ich stehe jeden Abend brav an Deinem Bett und sage »Schma Israel«, weil Du es noch nicht kannst, weil wir es unsern Kindern sagen sollen. Jeden Abend tue ich es, obwohl ich außer dem ersten Satz keinen weiteren verstehe, nur Worte vor mich hin brabbele, so wie man als Kind englischsprachige Lieder mitgesungen hat, ohne den Sinn zu verstehen. Jeden Abend sage ich »Schma Israel« und weiß nicht, warum ich es tue, weiß nur, dass ich ruhiger bin, wenn ich es tue.

Vergiss nicht »Schma Israel«.

Harry Kämmerer
Isartod

Roman
ISBN 978-3-548-61082-5

Eine Wasserleiche an der Isar, ein sauber filetierter Mann vor der Allianz-Arena: Die Mordserie, die offenbar viel mit Fleisch und Wellness und makabrer Phantasie zu tun hat, reißt Hauptkommissar Mader und sein Team aus dem Trott – direkt hinein in klassisch-bayerischen Filz.

»Lakonischer Humor, realistische Absurditäten und schnelle Sprache ... ein vergnüglich-frisches Erlebnis.«
Claudia Koestler, Münchner Merkur

»Ein ganz neuer Mikrokosmos!«
Peter Hetzel, Sat 1 Frühstücksfernsehen

List

www.list-taschenbuch.de

Oliver Storz
Die Freibadclique

Roman
ISBN 978-3-548-61014-6

Irgendwo im Schwäbischen: Knuffke, Bubu und die anderen aus der Freibadclique sind fünfzehn, und das verordnete Heldentum hat für sie im Sommer 1944 keine Bedeutung mehr. Sie sehnen sich nach Swing und Bigband-Sound, nach Lore im roten Badeanzug und dem Ende des Marschierens.

»Eine Jugend in Deutschland in leuchtend hellen Sätzen. Brillant.« *Süddeutsche Zeitung*

List

www.list-taschenbuch.de

Erri De Luca
Der Tag vor dem Glück

Roman
ISBN 978-3-548-61070-2

»Geschichten sind wie Wasser, die in die Tiefe stürzen«: Mit der klaren, bildreichen Sprache des Südens erzählt Erri De Luca die Geschichte eines Waisenjungen, der im Schatten des Vesuvs erwachsen wird. Es ist zugleich eine Liebeserklärung an seine Stadt Neapel: an ihre morbide Schönheit und an ihre stolzen, freiheitsliebenden Bewohner.

»**Ein einfaches, großes Buch.**« *Gustav Seibt,*
Süddeutsche Zeitung

»**Eine ganz wunderbare, einzigartige Sprache ... flirrend schön, überraschend und weise.**« *Denis Scheck, ARD druckfrisch*

List

www.list-taschenbuch.de

Nancy Mitford

Englische Liebschaften

Roman.
Aus dem Englischen von
Reinhard Kaiser.
Taschenbuch.
Auch als E-Book erhältlich.
www.list-taschenbuch.de

Das Buch, mit dem Nancy Mitford berühmt wurde

Nancy Mitfords schönster Roman, mit dem sie ein paar unvergessliche Prototypen der britischen Upperclass schuf: Allen voran den exzentrischen Onkel Matthew, dessen reales Vorbild niemand anderes als Nancys eigener Vater war. Im Mittelpunkt der Geschichte steht die junge unkonventionelle Linda Radlett, die in politisch bewegter Zeit von Liebe und Abenteuer, kurz: dem wahren Leben träumt – jenseits von Fuchstreibjagden und Five o' Clock Tea.

»Heiter, pointiert und scharfsinnig.«
Felicitas von Lovenberg, FAZ

List

Lieber Mischa

Pressestimmen

»Gorelik verfügt über die Gabe, ... ihrem Publikum rasch und professionell das Herz zu brechen.«
Hannes Stein, Die Welt

»Lena Gorelik ist brillant, ... das Buch durchweg amüsant, mit einer beachtlichen Leichtigkeit geschrieben.«
Hannah Lühmann, Süddeutsche Zeitung

»Die wundersamste Erziehungsfibel, die ein Einjähriger wohl je erhielt. Der Knabe ist zu beneiden.«
Jochen Hieber, Frankfurter Allgemeine Zeitung

»Ein ebenso scherzhaftes wie nachdenkliches Buch.«
Ulrich M. Schmid, Neue Zürcher Zeitung

»Am liebsten möchte man jeden zweiten Satz zitieren – so schön, so direkt, so lebensfroh.«
Reinhard Helling, Münchner Abendzeitung

»Lena Gorelik führt die Klischees spielerisch ad absurdum ... hochamüsant.«
Vladimir Balzer, Deutschlandradio Kultur

»›Lieber Mischa‹ liest sich hübsch und flott und frech.«
Susanne von Mach, Main-Echo

»Gorelik hat die Zukunft und nicht die Vergangenheit vor Augen. Ein witzig-kluges, auch absurdes Buch.«
Woman

»Ein spöttisches, witziges, auch einfühlsames Buch.«
Ulrich Wickert, NDR Kultur

»Lena Gorelik tanzt mit Worten, dass es eine Freude ist.«
Szene Hamburg

»Dieses Buch könnte mehr Schranken einreißen als jeder noch so gute didaktische Impuls.«
Mario Schwegmann, Stadtblatt Osnabrück

»Wie leichthändig Lena Gorelik das Florett gegen Klischees und Vorurteile führt.«
Augsburger Allgemeine Zeitung

»Konstruktiv und humorvoll.«
Münstersche Zeitung

»Herzerfrischend, witzig und, nun ja, unorthodox.«
Britta Heidemann, Neue Ruhr Post

Das Buch

WAS? DU BIST ECHT JUDE?

Lena Gorelik gehört der neuen Generation von Juden in Deutschland an, die sich über ihre Zukunft, nicht über ihre Vergangenheit definieren wollen.

Dazu passt perfekt, dass sie nun selber Mutter geworden ist: Lena Gorelik erklärt ihrem Sohn nicht nur präventiv, wie er sich später einmal ihrer mütterlichen Fürsorge entziehen kann. Sondern auch, warum bei Festen immer viel geweint wird, obwohl seine Eltern nicht gläubig sind. Warum sein Großvater lieber Sudokus macht, als in der Thora zu lesen. Warum er auf seine Nase und seine Ohren stolz sein kann. Wie er die Weltherrschaft erlangt, auch wenn er kein Rothschild ist. Wie er es auf die Liste der zehn coolsten Juden schafft und wie er sich Leute charmant vom Leib hält, die mit Leuchten in den Augen sagen: Waaas, du bist wirklich Jude?!

Die Autorin

Lena Gorelik, geboren 1981 in Sankt Petersburg, kam 1992 mit ihrer russisch-jüdischen Familie als »Kontingentflüchtling« nach Deutschland. Bislang veröffentlichte sie zwei Romane: *Meine weißen Nächte* und *Hochzeit in Jerusalem*, ein Buch über ihre Geburtsstadt, *Verliebt in Sankt Petersburg*, und zuletzt *»Sie können aber gut Deutsch!«: Warum ich nicht mehr dankbar sein will, dass ich hier leben darf, und Toleranz nicht weiterhilft*. Sie wurde u.a. mit dem Bayerischen Kunstförderpreis, dem Ernst-Hoferichter-Preis und dem Friedrich-Hölderlin-Förderpreis der Stadt Bad Homburg geehrt. Lena Gorelik lebt mit Mann, zwei Söhnen und einem Hund in München.